裴楷

嵇康

翩翩我公子

尘洛若影 —— 著

廣東旅游出版社
GUANGDONG TRAVEL & TOURISM PRESS
悦读书·悦旅行·悦享人生

中国·广州

图书在版编目（CIP）数据

翩翩我公子 / 尘洛若影著. —广州：广东旅游出版社，2024.5

ISBN 978-7-5570-3155-8

Ⅰ.①翩… Ⅱ.①尘… Ⅲ.①名人—生平事迹—中国—古代 Ⅳ.①K820.2

中国国家版本馆CIP数据核字(2023)第189677号

翩翩我公子
PIANPIAN WOGONGZI

出 版 人：刘志松
责任编辑：何　方
责任技编：冼志良
责任校对：李瑞苑

广东旅游出版社出版发行
地址：广州市荔湾区沙面北街71号首、二层
邮编：510130
电话：020-87347732（总编室）　020-87348887（销售热线）
投稿邮箱：2026542779@qq.com
印刷：三河市中晟雅豪印务有限公司
（地址：河北省三河市泃阳镇错桥村）
开本：787毫米×1092毫米　1/16
字数：180千
印张：12
版次：2024年5月第1版
印次：2024年5月第1次印刷
定价：45.00元

【版权所有 侵权必究】

如发现图书质量问题，可联系调换。质量投诉电话：010-82069336

序言

常言道：爱美之心，人皆有之。

对美好事物的追求，大抵是人的天性之一。相对于难以摸得透看得清的内在美而言，外在美显得更加直观明了，一眼就可以看得出来，所以，也就更加容易成为人们所热衷追逐的对象。

正因为人们热衷追逐外在美，因此，也就难免犯了以貌取人的通病。红颜白骨，说起来固然只不过是一副臭皮囊，但很多表面上的东西已经足以吸引人们的注意力，以至于一些内在深层的东西反而无法顾及了。

毫无疑问，假如一个人长得凶神恶煞满脸刀疤，那么此人就算是再怎么有内在美，也是没有多少人愿意亲近的。

通常情况下，人们对于女人长相的关注，比对男人长相的关注要更多一些。比如中国古代"四大美女"，就是因为美貌而出名，为后人所津津乐道。反过来说，一个男人要想青史留名，就跟长相没多大关系了，他必须是个大英雄大才子才可以，至于长相嘛……别担心，那时候又没照片，所以后人会自动把他脑补成英俊潇洒风流倜傥的大帅哥。

当然，世事无绝对，一个足够强的女强

人，或者足够美的美男子，也是能够青史留名，获取人们足够多的关注度的。

同样是以长相取胜，很显然，人们对美女的故事更熟悉一些。别的不说，至少"四大美女"还是知道的，她们的事迹所对应的"沉鱼落雁""闭月羞花"这两个成语，也还是说得出来的。

相对于美女来说，美男的故事知道的人就少了一些。毕竟中国历史上可没有什么"四大美男"让你去记忆，所以，人们提起古时候的美男，往往一头雾水，说不出个所以然来。

只知美女而不知美男，这未免有些缺憾，出于这方面的考虑，我也就有了动笔写作《翩翩我公子》的念头，希望能借助此书，向读者讲述一下古代十二位美男的故事。

中国古代的美男除了长得帅以外，他们的故事也是极有趣味的。在接下来的故事里，你将会看见：

因为长得太帅而被人误认为不靠谱，但最终却用实力证明自己，从吃软饭小白脸变身成为大汉丞相的陈平；

既武勇又帅气，引领时代潮流，让全城百姓跟着他一起戴歪帽子的"史上第一岳父"独孤信；

本是一个家境贫寒小蛮子，却因颜值而在乱世中崛起，成为征战沙场大将军；

颜值当世第一，出门经常引发交通拥堵，走到哪儿，被围观到哪儿，最后被无数围观群众看杀的卫玠；

明明可以靠脸吃饭，却坚持以才华取胜，在残酷的政治斗争当中始终屹立不倒的玉山裴楷；

堪称帅哥代名词，颜值、名气、才华三者皆具，却因大德有亏而结局悲

惨的潘安；

　　龙章凤姿，天质自然，不修边幅却难掩帅气，爱弹琴，爱打铁，爱养生，最终却被狐朋狗友带进坑的嵇康；

　　入选了我们语文课本，以布衣之身而位极人臣，专业讽齐王纳谏的邹忌；

　　貌柔心壮，音容兼美，却被自己的颜值拖累，不得不戴上面具去打仗的兰陵王高长恭；

　　长得好看却没能保护好自己，明明可以凭本事吃饭，到头来却只能靠脸吃饭的清河王元怿；

　　长得好看也能保护好自己，面对妙龄公主而不为所动，龙行虎步的真男神褚渊；

　　为人美丽而自喜，深受皇帝宠信，依靠颜值而位极人臣，但最终却功名利禄转头空的董贤……

　　是为序。

目 录

陈平：
颜值与智慧，我全都要……………………………………001

独孤信：
引领时代风潮的男人…………………………………………018

韩子高：
阵前大将军……………………………………………………033

卫玠：
粉丝太多也是一种烦恼………………………………………045

裴楷：
万众瞩目就是我………………………………………………062

潘安：
传说中的史上第一帅哥………………………………………078

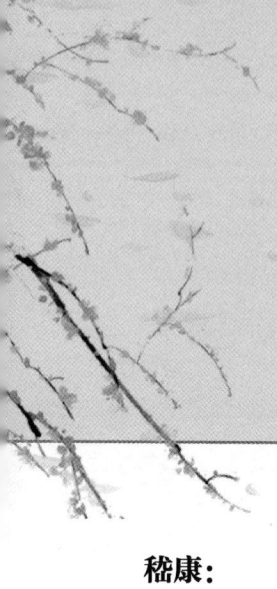

嵇康：
真男神从来不修边幅……………………………… 094

邹忌：
比我帅的都没我聪明……………………………… 110

兰陵王：
天生丽质难自弃，打仗必须戴面具……………… 124

元怿：
从小帅到大是什么感觉？………………………… 134

褚渊：
爱我的人总是那么多……………………………… 148

董贤：
魅力绝顶无可挡，皇帝情愿让江山……………… 162

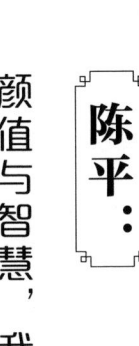

陈平：颜值与智慧，我全都要

小时候，陈平家里很穷。有多穷呢？他家的门是用一张席子做的。你说一扇用席子做的门有什么用呢？轻轻一推不就开了吗？万一小偷闯进家里来怎么办？

小偷？笑话。陈平什么都怕，就是不怕小偷。小偷要进来，那请进，小偷要翻东西，那请翻，只要能翻出个铜子儿来，那就算你赢。哼哼，连我自己都找不到钱，难道你还能凭空把钱变出来不成？真要是这么有本事，早就修炼成仙了，还当什么小偷啊？

正因为陈平家徒四壁、一贫如洗，所以一直以来他家的治安状况都很好，从来没有发生过失窃案件。你要是想体验一下传说中的"夜不闭户路不拾遗"，去他家参观一下准没错。

当然了，虽然穷能防盗，但没有人会愿意一直穷下去。陈平也是一样的。

俗话说得好：知识改变命运。陈平穷是穷了点儿，但他心里面是很有志气的，从很小的时候开始，他就已经决定要好好学习天天向上，将来找个好工作，娶个好老婆，过上幸福生活。

陈平为了实现这个目标，平时看书很刻苦。他主要看些什么书？黄帝和老子的书。

年少的陈平，在书中找到了一个属于自

己的世界,他终日徜徉在书海之中,逐渐领悟了经天纬地纵横乾坤的人间大道。从现在开始,他不再是一个普通的人,而是一个有理想、有文化、有内涵、有志气的人。

可惜的是,不管前面加上多少修饰语,没钱还是没钱,所以陈平也只能老老实实地住在他那个以席为门的破房子里,该干吗干吗去。

和陈平一起住的,是他的哥哥——陈伯。陈伯这个名字,听起来像是一位姓陈的老伯,其实这是古时候的人给家中兄弟排行的一种方式,从大到小分别是"伯、仲、叔、季"。比如,陈大爷生了四个儿子,就可以给他们取名叫作陈伯、陈仲、陈叔、陈季。

陈平和哥哥陈伯住在一起,至于他们的爹妈在哪里,史书里没说,估计是很早的时候就死了。死的时候,也没留下什么遗产,只有一些薄田,给兄弟俩耕种,勉强饿不死而已。

由于只有这么一个弟弟,所以陈伯对陈平很好,他从来不让陈平干活,自己一个人就把这些薄田给包办了,自己再辛苦再累,也要攒钱给陈平读书学习,把所有的希望寄托在陈平身上。

正因为有了哥哥的辛勤抚养,所以陈平虽然穷,倒也穷得安逸,整个人看上去眉清目秀丰神潇洒,若不是穿的衣服寒碜了点儿,还真会让人误以为他是哪家的公子哥儿呢!

乡里面的人都对陈平的家境知根知底,所以大伙儿看见他能长成这副模样,都很好奇,有一天,有个人这样问陈平:"奇怪了,你平时吃的到底是些什么东西啊,为什么你家里这么穷,还能吃得这么白白胖胖呢?"

陈平刚想回答说自己吃的是纯天然绿色无公害食品,结果没想到他的嫂子在旁边听见了,就没好气地抢着回答说:"还能吃什么?当然是吃米啦!不然你以为他吃草能吃成这样啊?真是的,都这么大一个人了,整天就知道光吃饭不干活，十足的一个米虫，要他有什么用？我要是也能像他这样吃啊，不胖都难！"

原来陈平从来不做家务，虽然他哥哥对他没什么意见，但他的嫂子一直都看他不顺眼，如今好不容易趁着他哥哥不在，他的嫂子自然要趁机在别人面前发泄一番。

那人见陈平的嫂子脸色不对，生怕卷入别人的家庭矛盾之中，就赶紧告辞走人了。

后来，陈平嫂子说的这些话就传出去了，也不知是陈平传的呢，还是那人传的呢，反正最后是传到陈伯的耳朵里了。

陈伯一听，怒了，就对老婆说："我就这么一个弟弟，你这婆娘竟敢趁我不在的时候欺负他，你眼里还有没有我这个老公了？既然你不仁，那就休怪我不义，我要休了你，你以后好自为之吧！"

结果，陈伯就和老婆离婚了。

后来，陈平长大了，到了结婚的年龄了。但问题是，他拖了很长一段时间，也没找到一个合适的老婆。

倒不是因为陈平家里太穷，没人愿意把女儿许配给他，事实上，陈平长得这么帅，还是有许多人愿意招他做女婿的。但问题是，这些人跟陈平一样，都是穷人。

由于陈平坚持自己的择偶标准，所以他在婚恋市场上的行情一直是这样的：看得上陈平的吧，陈平看不上人家；陈平看得上的吧，人家又看不上陈平。结果，陈平就只能做了"剩男"。

剩男的日子难熬啊，一不小心，陈平就熬成了"剩斗士"。剩斗士的生活是孤独的、苦闷的、空虚寂寞冷的，但是，终于有一天，剩斗士陈平迎来了他的春天，他感觉到美好的生活在向他招手了。

这是为什么呢？

原来，陈平所在的阳武县户牖乡里面有一户姓张的人家，家主名叫张负，是当地出了名的有钱人。俗话说得好，家家有本难念的经，张负家里面虽然很有钱，却有一件事令他非常头疼。

具体是什么事呢？

原来，张负有一位孙女，她连续嫁了五个老公，但是，那五个老公和她结婚之后，没过多久就死了。

正所谓"好事不出门，恶事行千里"，张氏这个事情，很快就在当地流传开来了。但陈平无所畏惧，所以他打算娶张氏做老婆。

机会是留给有准备的人，很快，机会就来了。

这一天，当地有一个大户人家要办丧事，请了很多人去治丧，陈平去了，张氏的爷爷张负也去了。在那里，张负远远一看，哇，好帅一个哥！走近了再一看，呀，真的是帅哥！再仔细一看，嗯，帅哥就是帅哥！

陈平站在这么多人中间，那可真是鹤立鸡群，出类拔萃，实在是让张负不得不多看他几眼，只觉得越看越喜欢，越看越欢喜，心想如果能把他招为孙女婿，倒也是一件挺不错的事。

于是，丧事结束之后，张负就和陈平一起，回到了陈平的家。

陈平的家十分破旧，给人一种风一吹就会倒的感觉，张负轻轻推开那一扇用席子做的门，看到里面一点儿像样的家具都没有，不禁微微摇头叹息。他在屋里逛了一会儿，慢慢踱着步走了出来，又绕着屋外走了一圈，忽然发现了许多车辙，顿时眼前一亮。

"你平时交游很广阔吧？"张负扭头看了看陈平，突然来了这么一句。

陈平点点头，说："多多少少有一点儿。"

张负心想，陈平穷是穷了点儿，但是他长得够帅啊，而且家门口有这么

多车辙，说明他交际面比较广，说不定他以后能有什么贵人相助，闯出一番大事业来。于是他就拍了拍陈平的肩膀，说："小伙子，我对你印象还挺不错的，决定把孙女许配给你，你意下如何啊？"

陈平喜不自胜，心想我终于要过上幸福生活啦，他赶紧对张负抱拳施礼："多谢大人成全，陈平感激不尽！"

陈平这么有礼貌，让张负十分满意，他回到家里面之后，对他的儿子张仲说："我今天出门碰上一位帅哥，对他印象还不错，所以决定把孙女许配给他。"

从张仲的"仲"字来看，根据伯仲叔季的顺序，目测他在家中排行老二。这个张老二一听张负要把张氏给嫁出去，心里面就觉得挺稀奇，问："爹呀，你说的那个帅哥，到底是哪家的公子啊？怎么他就敢娶我的女儿呢？"

张负说："就是我们县里面的那个陈平啊！你知道吧？"

"啊？陈平？"张老二的心一下子凉了七七八八，说，"你说那个穷小子啊？哎哟我的天哪，那家伙又穷又不干活，整天就知道到处鬼混，我们县里没有一个人是不笑话他的，爹，你怎么就舍得把你的乖孙女许配给这种人呢？"

张负白了张老二一眼，说："你是我孙女的爹，她是什么情况，难道你还不知道？"

张负这一番教育，听得张老二长吁短叹，于是张老二无可奈何地说："唉，没办法啦，也只能这样啦。"

张负看着儿子一脸沮丧的表情，就决定鼓励他一下，说："放心吧，陈平穷是穷了点儿，可他长得够帅啊。而且我看他两眼有神，骨骼清奇，定非池中之物。"

"但愿如此吧！"事到如今，张老二也只能这样给自己打气了。

就这样，这两个人走到了一起，从此以后，过着幸福的生活。

当然了，在过幸福生活之前，有些程序还是要办的，比如，下聘礼，摆酒席，这些总该是要的吧？

只可惜，这些程序陈平一个也办不起，原因很简单，因为他没钱。

没钱怎么办？

只能是张负拿钱出来办。结婚之前，先偷偷地塞给陈平一笔钱，然后再让陈平光明正大地送回来，说是娶老婆的聘礼，然后张氏再带着这笔钱就当是她的嫁妆。绕了一圈，结果钱还是陈平的。至于摆酒席什么的，当然也还是要让张负一手包办。

把这些程序都办完之后，陈平终于要娶张氏过门了。在过门之前，张负特意给张氏上了一课，他语重心长地教诲道："乖孙女啊，爷爷有些话要跟你说，你可得好好听着。陈平以后就要做你老公了，他就算是再怎么穷，也还是你老公，所以你要用对待老公的礼仪来对待陈平，千万不能因为他穷就不把他当一回事儿。还有啊，你嫁过去之后，对待他的哥哥要像对待父亲一样，对待他的嫂嫂要像对待母亲一样，这些人也千万不能怠慢了，免得别人说什么闲言碎语，说我张家的人不懂规矩，失了礼数，明白吗？"

张氏乖巧地答应道："孙女记住了。"

"那你去吧。"

看着张氏逐渐远去的背影，张负心中百感交集，一转眼那个蹦蹦跳跳的小丫头就长这么大了，而他自己也变得这么老了。唉，晚辈的事情总是让长辈操心，希望这一次可千万不要再出什么岔子来了。

再说一说陈平这边。他那张英俊的脸上笑开了花，每天在嘴里哼着小曲儿，成了上流社会的一分子。

结婚以后，又过了一些年，原本和平的世道变了，陈胜与吴广在大泽乡揭竿而起，反抗秦朝的暴政。轰轰烈烈的革命运动，很快就席卷全国，各路英雄豪杰纷纷起兵，试图争夺天下。

在这样一个形势之下，陈平知道，自己振翅高飞大展身手的机会终于来了，他要在这乱世之中，闯出一片属于自己的天空！

生逢乱世对于普通人而言是不幸的，然而陈平不一样，他今生今世注定要做一个英雄，世道越乱，他越能充分发挥自己的才干，彼之砒霜，乃是我之蜜糖！

陈平那一颗想要建功立业的火热的心，让他再也无法安心待在自己的家乡，终于，他辞别了自己的兄长，辞别了妻子，和一群同样热血的年轻人一起，投身到了革命浪潮之中。

陈平出发的第一站，去到了魏咎那里。

魏咎，是陈胜的手下，他被陈胜封为魏王，如今正率领部队和秦军在临济开战，打得血肉横飞，十分激烈。

陈平投奔魏咎之后，魏咎封他做了太仆，然后就把他晾在那里了。陈平心里着急了，我这么一个优秀人才，你怎么可以无视我的存在呢，如果你让我像现在这样什么都不干，那我还来找你干吗？

陈平坐不住了，他去跟魏咎说我给你出点儿主意吧，你只要照我说的办，肯定没有打不赢的仗。

魏咎斜着眼瞟了瞟这个毛头小伙子，心想你小样儿嘴上无毛办事不牢，能想出什么主意来？这不是瞎扯吗？

刚才陈平说的话，也不知他是听了呢，还是没听，反正他就是一副心不在焉的样子，语气平淡地说行了我知道了，你回去等着吧，我再慢慢研究考虑一下，有消息了就通知你！

辛辛苦苦为别人出谋划策却遭受如此冷遇，陈平心里有些失落，但他并没有表现出来，而是神色如常，又说了几句场面上的客套话，就走了。

陈平走了以后，魏咎不屑地冷笑了一声："切，这小子还真把自己当一回事儿了啊！"

陈平得不到魏咎的重用，就有了跳槽的念头。再加上后来他又听说有人在魏咎面前说他的坏话，他顿时没有丝毫犹豫，收拾行李就直接走人了。

陈平走了以后，他找谁去了呢？他找项羽去了。

西楚霸王，项羽，这个名气够响亮吧？跟了这么一个大老板，应该是很有前途的了吧？只可惜，陈平的第二份工作，还是不顺心。

出来上班，工作总是要换的。陈平感觉项老板也不是他心目中的好老板，干啥啥不行，甩锅第一名，有业绩全是老板领导有方，有问题全是手下办事不力，这种工作怎么能干得下去？

陈平没有丝毫犹豫，立即把项羽给他的官印和赏钱打包收拾好，让人还给项羽，就说是感谢项老板的栽培，只可惜我无福消受，只能原样奉还，辞职不干。

陈平把这个人送走之后，生怕项羽追究他的责任，不敢停留，连行李什么的都没带，只拿了一把剑防身，就这样一个人逃跑了。

陈平跑呀跑，跑呀跑，跑到了一条河边，然后赶紧上了一条船，让船家送他过河。

船慢慢地离开了岸边，朝对岸驶去，陈平那一颗紧张的心，也终于放松了一些。但是，他只是刚刚轻松了一下，马上又开始紧张起来了。

这是为什么呢？

原来，陈平感觉船家看他的眼神有些不对劲。那种眼神，垂涎三尺，虎

视眈眈，活像是要把他吞下去一样。

这眼神让陈平浑身上下觉得不自在，他忍不住打了个冷战。

陈平在这边胡思乱想，另一边，船家也心怀鬼胎，打着自己的主意。他看见陈平这家伙生得仪表堂堂器宇不凡，而且穿着打扮也不像是寻常人等，估计他应该是一位将军，因为犯了错所以一个人偷偷跑出来了，按照常理来推断，他逃跑不可能不带钱，如果没有猜错，他带出来的金银珠宝应该缠在他的腰上——对，一定是这样没错了！

船家想到这里，看陈平的眼神就更加不对劲了，哼哼，待会儿船到江心，叫天不应叫地不灵，神不知鬼不觉地丢他到河里，这笔钱就是大爷我的啦！

陈平看着船家贼眉鼠眼的样子，往他身上瞄来瞄去的，越想越觉得不对劲，猛然间，他好像想明白了什么，于是当机立断，脱掉上衣，露出胸肌！

船家正沉浸在杀人越货大发横财的美梦当中，突然看到陈平脱了上衣，这个动作可把他给整蒙了，心想这家伙在搞什么？船家再一想，好像明白了些什么，就把眼神移到了陈平的腰上面，只见那里八块腹肌赫然耸立，除此之外，空无一物，哪里有什么金银珠宝？

船家不死心，又把视线移向陈平脱下来的衣服上面，只见那衣服被陈平均匀摊开，平平整整地放在甲板上，一点儿凹凸起伏都没有，怎么可能藏得下银子呢？

闹了半天原来是个穷鬼啊！确认了陈平的穷鬼身份之后，船家对他彻底失去了兴趣，眼神再也不往他身上瞄了，后半段航程一路无话，无事发生。

就这样，靠着自己的机智，陈平终于安然无恙地渡过了河。

下了船之后，陈平拿起衣服就走，一双脚丫子跑得飞快，直到再也看不见那个船家了，这才松了一口气。他费尽心机，这才死里逃生，找个地方略微休息了一下，就开始思考自己的下一步行动。

如今项羽声势浩大，各路诸侯望风披靡，其实力可说是天下第一，但他现在已被项羽所不容，自然也就不能去投靠那些和项羽较为亲近的诸侯了。既然如此，那他唯有彻底倒向项羽的对立面，与项羽为敌了。无论如何，天下之大，总会有他陈平的容身之处。

刘邦。陈平脑海里闪现出了这个名字。听说这个人唯才是举，也许投靠他是一个不错的选择。至于这个人到底是不是传闻中所说的那样，那也只有见过他之后才知道了。

陈平打定主意，从地上一跃而起，他看准一个方向，就往前走去。

经过一番长途跋涉，陈平终于来到了刘邦的地盘，并且在一个名叫"魏无知"的人的引荐之下，成功见到了刘邦。

见面之后，两人经过一番交谈，陈平用自己的才学成功征服了刘邦。刘邦一高兴，就封他做了都尉，平时出门的时候都跟陈平同坐一辆车，去视察军营中的情况。

这下子，刘邦的那群手下可就看不惯了。他们跟了刘邦这么久，也没见刘邦跟他们这么亲热过，反倒是陈平初来乍到，刘邦就和他搅在一块儿了，你说，他们怎么能忍？

大伙儿意见很大，于是就凑到一起，集体向刘邦提意见，说："陈平这个家伙，长得帅是够帅了，像是一块美玉一样。但是，一个人的外表并不能等同于他的内在，多少人金玉其外败絮其中，靠着一张脸来招摇撞骗啊？我们查过了陈平的案底，听他家隔壁的同学的朋友的七大姑的八大姨说过，陈平这家伙啊，心肠太坏了！

"他以前在家的时候啊，就跟他嫂子有了一腿；后来他出来找工作，在魏咎那里上班，结果把事情搞得一团糟，被魏老板扫地出门了；他跳槽到项羽那里干活，结果人家项老板也不要他，又被人一脚踢飞了；现在这个倒霉鬼害人精又跑来咱们这里捣蛋了，装神弄鬼故作玄虚，欺骗大王的信任，这是绝对不能忍啊！

"陈平来咱们这里这么久，一件像样点儿的好事都没做过，反倒是靠着大王的信任，狐假虎威，到处收钱，谁给他塞的钱多，他就跟谁好，谁给他塞的钱少，他就跟谁不好。大王啊，你说这样一个整天跳槽反复无常好色贪财的家伙，留着到底有什么用呢？请大王三思啊！"

这些人用来诋毁的话语，被后人总结出一个成语：盗嫂受金。盗嫂，意思是说跟嫂子偷情；受金，是说收受贿赂。

故事讲到这里，关于陈平"盗嫂受金"一事，我们需要重点探讨一番。为了把事情弄清楚，我们不妨来看一看《汉书·陈平传》中的历史原文：

其嫂疾（陈）平之不亲家生产，曰："亦食糠核耳。有叔如此，不如无有！"（陈）伯闻之，逐其妇弃之。

（张）负戒其孙曰："毋以贫故，事人不谨。事兄伯如事乃父，事嫂如事乃母。"

绛（指绛侯周勃）、灌（指颍阴侯灌婴）等或谗（陈）平曰："（陈）平虽美丈夫，如冠玉耳，其中未必有也。闻平居家时盗其嫂……"

这三段话分别是什么意思呢？第一段，说的是陈伯休妻，与老婆离婚；第二段，说的是张负告诫孙女张氏，让她对待嫂子要像对待母亲一样；第三段，是说周勃、灌婴等人向刘邦进谗言，说陈平和嫂子偷情。

那么现在问题来了：既然陈伯已经休妻，那陈平哪来的嫂子？既然陈平没有嫂子了，那张负为什么要告诫张氏好好对待嫂子？周勃等人又凭什么说陈平和嫂子偷情？

假设陈伯休妻之后未曾再娶，那么后面两段话就无从谈起，所以我们不妨做个简单推论：虽然史书里没写，但陈伯休妻之后应该是再娶了的。

陈伯再娶，有两种可能：一是与原来的妻子复婚。二是另娶了别的女人。

根据史书里的种种迹象来看，陈伯与原来的妻子复婚的概率不大。因为陈平与这位嫂子的关系十分恶劣，嫂子看他很不顺眼，两人之间怎么可能偷情呢？不打起来就算好的了。

所以陈伯休妻之后，大概率是另外娶了别的女人，给陈平换了个嫂子。唯有如此，才能解释张负为什么要告诫张氏好好对待嫂子，周勃等人诋毁陈平"盗嫂"才有理论上的可能性。

好了，关于陈平和嫂子之间的事情，就探讨到这里。接下来，我们继续看故事。

刘邦听了他们的话，原本就已经有些动摇的心，现在更是摇摇欲坠了，他越想越觉得陈平这家伙信不过，就把魏无知给叫了过来，说："你当初向我推荐陈平这个人，说他是个贤人，我听你的话，就把他给收下了。可我现在听到的，全都是些说他不好的消息，我想请问你一下，他们说的那些事，到底是不是真的？"

魏无知并不隐瞒，他点头说道："是真的。"

刘邦心中一怒，忍不住就开始吼了起来："既然是真的，那你为何还对我说他是个贤人！你这不是明摆着忽悠我吗？"

魏无知神色自若，镇定如常，说："大王，你刚才所问的，是关于他的品行；而我先前所说的，是关于他的能力。大王，假如我给你推荐几个品行很好但是能力很差，打仗的时候一点儿用场都派不上的人，请问大王你会重用他们吗？"

刘邦的脸色稍微缓和了一些，说："不会。"

魏无知说："那就对了。如今楚汉相争，比的是腹黑心狠拳头硬，而不是道貌岸然人品好。谁要想赢，谁就要拿真刀真枪来拼命，如果只知道满口仁义道德，别人都拿刀来砍他了，你说，这样的人不死，谁死？"

刘邦深感赞同，说："这必须死啊！"

魏无知说："正因为这样，所以我给大王推荐人才的时候，侧重点在于他有没有能力，能不能帮大王出主意、打胜仗，至于他的人品怎么样，私底下生活作风怎么样，又有什么要紧呢？我甚至听说有人拿陈平的颜值说事，这就更加离谱了，难道长得帅也有错吗？他作为一个谋士，只要脑子好使就行了，你管他长什么样呢？"

魏无知的一番话，让刘邦思索良久，又把陈平叫过来长谈一番，对陈平有了更进一步的了解。最终，刘邦还是选择相信魏无知，相信陈平，继续把陈平留在身边办事。

事实证明，陈平没有辜负刘邦的信任，他尽心尽力辅佐刘邦，给刘邦出了很多计策，最终打败了项羽，建立了汉朝。

汉朝建立之后，天下仍未太平，陈平继续追随刘邦，对内平定叛乱，对外抗击匈奴，立下了汗马功劳。

在这一段南征北战的日子里，史书里说陈平为刘邦"六出奇计"，至于到底是些怎么样的奇计，史书里用了十个字来形容："奇计或颇秘，世莫能闻也。"

这些隐秘的计策是汉朝的国家机密，最终没能被记录下来，后人也就无从得知其详细内容，可谓是一大憾事。

后来刘邦驾崩，他的老婆吕后执掌大权，以前跟着刘邦打天下的许多老臣都被吕后所诛杀，而陈平靠着自己的智慧，在朝中稳如泰山，非但没有遇害，反而得以升职加薪，先是成为左丞相，后来又变成了右丞相。

公元前180年，吕后溘然长逝，随着她的死去，原本保持着微妙平衡的局面，顿时开始变得动荡起来。陈平当机立断，果断出击，和太尉周勃合谋，将吕氏家族连根拔起，并拥立代王刘恒为帝，是为汉文帝。

文帝登基之后，陈平向他提交了一份辞呈，说自己得了病，所以他必须辞职，回家养病。

文帝从来没听说过这样的怪病，他把陈平叫了过来，说："丞相啊，我看你这身子骨好像还蛮硬朗的，怎么突然就病了呢？如果是工作太累了就直说，我给你几个月带薪休假，等你休息好了再回来上班！"

陈平摇了摇头，说："陛下，我这病跟身体没有关系。"

文帝很好奇地问："那跟什么有关系呢？"

陈平说："当初我追随高帝征战天下，周勃的功劳不如我；至于这一次诛杀诸吕，我的功劳不如周勃。所以，我恳请陛下将丞相之位让给周勃，至于我的话，就哪儿凉快哪儿待着去吧。"

"丞相过谦了。我初登大位，凡事还需要你们这些老臣多多指点，如果你就这么退休了，那我该怎么办？"文帝略微思考说，"不如这样吧，我将周勃封为右丞相，而你就做左丞相，你们两人做我的左膀右臂，如何？"

古人以右为贵，以左为贱，所以右丞相的职位比左丞相略高，文帝的这个安排可以说是颇为得当。这样一来，既照顾了周勃的面子，又使得陈平不至于真的辞职不干，可谓一举两得。

陈平听了文帝的安排之后，自己也觉得十分满意，于是便点头说道："那就多谢陛下了。"

陈平和周勃分别担任左右丞相之后没多久，有一天，文帝在早朝的时候问周勃:"天下一年有多少刑事案件?有几人被抓去坐牢?"

文帝的这个问题让周勃愣了一下,他在脑子里极力搜索这方面的资料,只可惜想了很久却还是一无所获,所以他也只能弱弱地回答说:"这个嘛……不好意思,我不知道。"

文帝继续问道:"天下一年的钱粮收入和支出有多少?"

周勃再一次愣在了那里,这个问题同样是他无法回答的,看着坐在龙椅上的文帝,周勃觉得非常羞愧、紧张,他汗流浃背,不知该如何是好。

"周丞相,你怎么不说话呀?"文帝问。

"陛下,实在是太抱歉了,这个问题我也不懂。"周勃恨不得挖个地洞钻进去。

文帝皱了皱眉,说:"周丞相,我发现你什么都懂,就只有两件事不懂:这也不懂,那也不懂。"

周勃内心惶恐,只能尴尬地笑着,不敢说话。

文帝又瞄了一眼陈平,说:"陈丞相,你懂吗?"

陈平答道:"启禀陛下,这些问题我也不懂,但是我知道谁懂。"

"哦?"文帝一下子来了兴致,问,"谁懂?"

陈平说:"任何事情都有一个相关的负责人,所以,陛下如果想知道治安方面的问题,那就去问廷尉;如果想知道钱粮方面的问题,那就去问治粟内史。"

陈平这样回答,倒也说得通,不过,文帝随后又提出了新的问题:"既然这些事情都有别人去管了,那么丞相是用来干吗的?"

陈平说:"丞相不管事,只管人。丞相的职责在于为皇帝发掘人才,让有才之人发挥才干,让无才之人趁早滚蛋,如果每个官员都能把工作做好了,那么丞相也就称职了,陛下也就可以高枕无忧了。"

陈平这番话，让文帝若有所悟，经过一番思考之后，文帝十分满意地对陈平说："陈丞相，你说的话很有道理啊。"

陈平满脸谦卑，说："谢陛下夸奖，臣愧不敢当。"

早朝结束之后，周勃十分埋怨地对陈平说："老陈啊，你这家伙忒不仗义了，这么重要的事情也不教教我，搞得我今天在皇帝面前好没面子啊！"

陈平大笑道："哈哈哈哈！老周啊，你这话可就说得不对了。你坐在什么样的位置，就应该知道自己要负责什么样的事，如果你连你自己的职责范围都不懂，那可叫别人怎么教你啊？天下间的问题无穷无尽，你只要把你自己该搞懂的问题搞懂就行啦，至于别的问题就让别人去搞，假如有一天陛下问你长安有多少盗贼，难道你还能回答得出一个具体数字出来吗？"

周勃顿时哑口无言，他看着眼前的陈平，心里面不得不承认自己跟他确实有很大的差距。想当年，陈平刚刚投奔刘邦的时候，周勃还觉得有些不服气，甚至曾经在刘邦面前说过陈平的坏话，说他长得很帅却没有才，外加贪污腐败人品太坏，然而陈平后来的表现证明这一切只不过是污蔑而已。

那些年，周勃和陈平一起跟随刘邦行军打仗，一起对吕后虚与委蛇，一起动手杀尽吕氏子弟，那些年来一起走过许多日子，周勃都没有觉得陈平比他厉害多少，但他今天终于知道，陈平的才能远远超过他。

以前，周勃一直不服陈平，但现在，他终于服了。心服口服。

不久之后，周勃向文帝提交了一份辞呈，说自己能力有限，无法胜任丞相的工作，恳请陛下让自己退休回家。文帝看过辞呈之后，答应了周勃的请求，从此以后，朝廷里又只剩下了一个丞相。

陈平在文帝手下做丞相并没有多久，在文帝登基的第二年，他就病死了。在他临死之前，他回顾自己的一生，不无感慨地对自己的子孙说："我这辈子用了太多的阴谋诡计，虽然换来了荣华富贵，却有损阴德，犯了道家的大忌。我死了以后，我的家族必然会衰败，这是上天注定，无法挽回。"

果然，陈平死后，到了他的曾孙这一代，就因为犯了罪，结果被砍了头。大汉丞相陈平的家族，从此湮灭于历史长河之中。

独孤信：引领时代风潮的男人

上一篇，我们说到大汉丞相陈平，他是以一位谋士的形象出现的。有谋士，自然少不了武将，所以接下来就让我们看一下武将独孤信的故事。谋士和武将，当然有所区别，不过这两人有一个共同点，那就是长得帅。

相比于陈平出身贫寒，独孤信的出身很好，他生来就是个高富帅，从起跑线上就甩了陈平几条街。

独孤信，鲜卑族人，生于503年，卒于557年，活跃于中国南北朝时代。他的老爸名叫独孤库者，是一个酋长，此人性格豪爽，极重义气，所以大伙儿都愿意跟他混，心甘情愿认他做大哥。独孤信有这么一个威武霸气的老爸罩着，从小就耳濡目染，那种所谓的"王霸之气"，自然而然就逐渐培养起来了。

独孤信本来不叫独孤信，在最初的时候，他的名字叫作独孤如愿。那么，究竟是什么缘故，让原本的独孤如愿变成了后来的独孤信呢？

这件事儿，说起来倒是挺有意思的。

话说这独孤如愿经过多年打拼，逐渐拼出了自己的一番事业，被任命为陇右十州大都督，同时兼任秦州刺史。独孤如愿去到秦州之后，详细查看了这些年的工作记录，又对当地的百姓进行了一番深入走访，经过多方调研之后，他发现了很多问题。

主要是什么问题呢？问题出在秦州的前任几位刺史身上。这几位刺史干啥啥不行，收钱第一名，为官一任，搜刮一方，刮得地陷三尺，天高三丈。如此一来，原本美丽富饶的秦州，就硬生生被折腾成了民不聊生鸟不拉屎的鬼地方，老百姓的日子，那可真是说多了都是泪。

假如生活欺骗了你，不要悲伤，不要着急！好日子该来还是要来的。

老百姓们盼星星，盼月亮，终于有一天，他们盼来了我们故事的主角，青天大老爷独孤如愿。

独孤如愿来到秦州之后，用他那雷厉风行的工作态度，一下子就烧了个新官上任三把火！

三把火是哪三把？

第一把，办积案，把那些原本被拖着不办的案子全都给办了，解决了百姓的实际问题。

第二把，兴教育，在当地兴建多所学校及培训机构，提升了百姓的素质水平。

第三把，搞经济，大力扶植农业及手工业活动，让百姓的生活水平得到显著提高。

这三把火一烧起来，那可真是星星之火可以燎原，没过几年，整个秦州就来了个翻天覆地大变样，老百姓的日子过得红红火火有声有色，任谁提起这位独孤如愿大官人，都得竖起大拇指赞一声好。

俗话说得好，群众的眼睛是雪亮的。老百姓不能用手投票让谁做官，但他们可以用脚投票，谁是好官他们心里有杆秤，你做得好他们自然会愿意跟你走。独孤如愿当秦州刺史这些年，他的好处自然是人人都看在眼里，所以就有几万户流民从外地涌入，在秦州安了家，生了根。

几万户流民，按一家四口来算，那至少也是十几二十万人，这个数量可不容小视。至于当时为什么会有这么多流民，其实也是因为世道不好混，连年打仗也就罢了，偏偏那些官老爷还喜欢瞎折腾，这一折腾可就叫人没法活了，所以有很多地方也跟以前的秦州一个样，穷得都快活不下去了。

秦州幸亏来了个独孤如愿，才让老百姓过上了好日子，至于其他地方的老百姓就没那么走运了，只能背井离乡当了流民，跑来秦州混口饭吃了。

"为官一任，造福一方"这八个字，独孤如愿是确确实实做到了。在当时，他的光辉事迹闻名遐迩，对老百姓而言，他是真正的信仰。漫天神佛，皆不可信，就算信了也无法改善生活；独孤如愿，可靠可信，在他的治理之下能过上实实在在的好日子。

正因为独孤如愿已经变成了老百姓的信仰，所以，他的顶头上司宇文泰就帮他改了个名，从此以后，独孤如愿也就变成了独孤信。

独孤信的信，代表的是一种信仰，同时也代表了广大百姓对他的高度信任，这样的名字，他受之无愧。

好了，说完了独孤信这个名字的来源之后，现在让我们转移视线，看一下这位独孤大帅哥究竟是怎么个帅法。

史书里说独孤信"风度弘雅，有奇谋大略"，这体现出了他的内在气质，史书里还说独孤信"美容仪，善骑射"，这体现出他不仅长得帅，而且还很擅长运动。

作为一个偶像级别的帅哥，独孤信是非常注重自身形象的。从他少年时代开始，他就已经开始留意平时的穿着打扮，地摊货什么的是从来不穿的，撞衫更是可耻中的可耻，所以必须是高端大气上档次的纯手工定制服装，突出低调奢华有内涵，才能彰显出自己独一无二卓尔不群的非凡个性。

年少的独孤信，每天鲜衣怒马纵横驰骋，神采飞扬活力无限，久而久之，独孤信就多了一个外号，叫作"独孤郎"。

郎，是古时候人们对男人的一种美称，凡夫俗子是断然得不到这种称号的。

话说我们的这位独孤郎后来在秦州当刺史，有一天他骑着马出去打猎，直到日暮时分，他才带着一天的收获满载而归。那一刻夕阳西下，落日余晖映照着独孤郎那伟岸的身影，远远望去，仿佛他整个人都在发光，让围观群众由衷赞叹：独孤郎啊独孤郎，你就是我心中的太阳！

在围观的同时，大家还注意到了一个细节，那就是独孤郎头上戴的帽子稍微有点儿倾斜。到底是什么原因，让独孤郎把帽子戴成了这样？

或许是被风吹歪了？还是骑马颠簸没戴稳？会不会是他自己有意为之，觉得帽子端端正正体现不出自己的风格，所以才故意把它侧到一边的呢？

虽然有所疑问，但是对这些围观群众而言，他们并不在意独孤郎帽子戴歪的原因，他们只关心一件事情，那就是独孤郎把帽子戴歪了。

独孤郎是何等人物啊？他高高在上，他光辉灿烂，他的一举一动都足以牵动人心，向他学习准没错！

独孤信没有料到，自己的这次无意之举，竟会掀起一阵模仿狂潮，从第二天早上开始，秦州当地居民只要是有戴帽的，通通都有样学样，把帽子歪到了一边！

一时之间，满城歪帽，秦州也因此多了一个雅号，唤作"歪帽城"。不知情的人听了，还以为是"外贸城"，心想那里的人真是有经济头脑啊，搞外贸这么赚钱，他们一定赚大发了。

这股歪帽风潮极为流行，从秦州向周边地区辐射蔓延，到最后甚至连边境线外的国际友人都受其影响，也跟着歪起了帽来。什么叫作国际范，这就叫作国际范啊！

帅哥无国界，粉丝遍全球，此之谓也。

好了，说完了这股"歪帽"风潮，接下来还是让我们从头看起，看一看独孤信的成长史。

在很久很久以前，有个地主叫作卫可孤，特别爱欺负人，整天派人出去抢地盘，收保护费，这样一来二去，大伙儿都觉得受不了啦，于是就合计着找个机会干掉他。

说干就干。很快，卫可孤就陷入了举世皆敌的困境之中，然后他就被砍死了。在这场光荣的战斗中，独孤信率领一个小分队，战出了成绩，战出了名气，从此以后，他正式登上了历史舞台，开始被人们所留意起来。

虽说有点儿名气，但也仅仅是"有点儿"而已，并不算很多。事实上，从严格意义上来说，独孤信所参加的第一场战斗，主要还是以辅助作战为主，而不是前线主力。毕竟，战斗是一项技术含量很高的工作，当你在攻击别人的时候，别人也在攻击你，这个工作做不好可是会死的，不经过多番练习，哪能轻易上阵呢？

独孤信打完了这场战斗之后，突然发现世道乱了，日子不好过了，到处都有人在打仗，让人不得安生。独孤信心里一琢磨，人在江湖飘，哪能不挨刀，万一我哪天不小心把命给丢了，那岂不是亏大了？

独孤信不想英年早逝，所以就决定退隐江湖，跑到一个僻静的地方，倒也过上了几天安稳日子。只不过，树欲静而风不止，像独孤信这么拉风的男人，走到哪里都是万众瞩目的焦点，任何试图想要隐藏自己的行为都是没有用的，所以，他很快就被人发现了。

发现独孤信的人叫作葛荣，他听说自己地盘里突然多出了一批外来人口，而且带头的还是个小帅哥，这个消息引起了他的注意，于是他就带了一票人马，去拍独孤信家的门："开门，送温暖！"

独孤信把门一开，哎哟，这么多人堵在他家门口，送个温暖需要摆出这么大的架势来吗？他定了定神，说："大家好，里面请！"

葛荣走到独孤信屋里，拍拍他的肩膀说道："小伙子，我以前没见过你啊，新来的吧？你老家是哪儿的，为什么要跑来我的地盘上啊？"

"启禀大人，我确实是新来的，我老家在武川，因为世道不好，所以来您这边混口饭吃。"

葛荣存心要吓他一下，便佯装动怒，道："你来我这里混饭吃，问过我的意见没有？"

"大人息怒，息怒！我这不是刚想出门拜见您吗，您就亲自上门来送温暖了……"

葛荣脸色稍缓，说："哦，这么说还是我冤枉你了。那行，今天我就帮你现场办个入住登记吧。说，你叫什么名字？"

"启禀大人，我叫独孤如愿。"

"独孤如愿？你就是那个带着一大批人马，联手砍死了卫可孤的那个独孤如愿？"葛荣心中一惊，没想到这次上门送温暖，居然被他捞出一条大鱼来了。

"不错！独孤如愿就是我，我就是独孤如愿！"

"好一个独孤如愿！我现在想聘你做我手下，你愿不愿意？"

"如君所愿！"

就这样，独孤信被葛荣收归麾下，成了葛家军的兵。

独孤信的到来，在军营里掀起了一阵很大的波澜，也就是在那个时候，他因为自己出众的外表、个性的穿着，得到了大伙儿的一致称赞，人送外号"独孤郎"。

有一句话叫作"铁打的营盘流水的兵"，但这句话未必对，要是碰上打仗的时候，营盘就变成了易碎品，可能说没就没了。在这个战乱年代，葛荣虽然有些势力，但他的势力其实算不了什么，所以没过多久，他的葛家军就被灭了。灭掉葛荣的人，名字里也有一个"荣"字，不过姓不一样，人家姓尔朱。

尔朱荣灭了葛荣之后，把他手下能收编的人，通通都给收编了。就这样，独孤信摇身一变，成了尔朱荣帐下的一员别将。

既然做了别将，那自然是要出去打仗的。有一天，独孤信跟着部队一起，去讨伐一个名叫韩娄的人。

两军对垒，那场面自然是热火朝天。正打得激烈的时候，只见敌方一员猛将，身高一米八，体重一百八十斤，左右两手各使一把十八斤重的流星大铁锤，锤子上还镶着九九八十一颗狼牙尖刺，看上去活像是拎着两个大榴梿。

这员猛将拎着这两个大榴梿，哦不对，是大锤子，冲进我方阵营就是一阵乱砸，只见他左一锤子右一锤子，专门往别人脑袋上招呼。看得出来他是练过的，一砸一个准，好像是砸西瓜一样。

敌方猛将神勇无敌，吓得我方小兵屁滚尿流，就在这关键时刻，我方元帅大喊一声，道："谁敢出去迎战，灭了这小子的威风？"

独孤信挺枪出阵，道："小将独孤如愿，愿取他项上人头！"

"果然是英雄出少年！你放心去吧，我在精神上支持你！如果你死了也不要怕，一切都包在我身上，汝妻子吾自养之！"

"谢主公成全！"

春风吹，战鼓擂，叮咯隆咚锵咚锵，在这震耳欲聋的加油声中，独孤信单枪匹马，向敌方猛将狂奔而去！

好个独孤信，只见他手中长枪一抖，往前直刺，恰如长虹贯日，正中靶心，枪头插到了敌将的胸口上，只要再进一寸，保准他命丧当场！

"哎哟！"敌将叫唤了一声，只见一缕嫣红从他体内流了出来。

独孤信把长枪拔出，道："报上名来！"

"启禀哥哥，我叫袁肆周。"

"算你识相！来人，把他给我押下去听候发落！"

然后袁肆周就被五花大绑，成了阶下囚。没过多久，战斗也分出了胜负，自然是独孤信这边赢了。

这一战大获全胜，独孤信厥功至伟，于是他就从一名最普通的别将，升级成了员外散骑侍郎，接着又转为骁骑将军。

不久之后，尔朱荣即将攻打洛阳城，他经过考虑，决定派一员猛将来冲在前头，以便打开局面。那么派谁去好呢？尔朱荣想到了独孤信。在上一次的战斗中，独孤信表现神勇，让他去做先锋，肯定错不了。

独孤信接到命令之后，很快就带人过来了。尔朱荣见了独孤信，亲切地拍了拍他的肩膀，说："独孤郎啊，你是咱们部队里的金牌杀手，我一直都很看好你。这次又要打仗啦，我准备派你去顶在前面，让你好好表现表现，你有信心完成任务吗？"

独孤信给尔朱荣立正敬礼，大声说道："报告长官，保证完成任务！"

"好，那你去吧！我等你的好消息！"

两人言罢，尔朱荣便给了独孤信一队人马，让他上阵冲杀，务要打下优势。独孤信领命而去，来到两军对垒之处，只见对面旌旗招展，阵容整肃，看来今天免不了一场恶战。

面对此情此景，独孤信并未有丝毫退却之心，反而生出一股冲天豪气来，他长啸一声，道："好男儿建功立业，正在此时，兄弟们，跟我冲！"

打仗的时候，主将站在前排说"跟我冲"，和站在后排说"给我冲"，效果是完全不一样的。这一次，独孤信身先士卒，冲在最前面，身后的士兵们听了，都深受鼓舞，心想人家做大哥的都这么拼命了，他们这些做小弟的又怎能落后？

于是小兵们在独孤信的带领下，纷纷挥舞着手中兵器，往敌阵冲杀而去，直杀得天昏地暗，日月无光，其战况之激烈，不敢说空前绝后，那也是世间少有。在这一场战斗中，独孤信表现神勇，所到之处，势如破竹，恰似天神下凡，无人能挡。胜利属于独孤信，属于努力的人！加油，好男儿！

独孤信打赢了这一仗，立下莫大功劳，这让尔朱荣十分高兴，于是就封他为安南将军，赐爵爰德县侯。

530年，独孤信虚岁二十八，组织上人事调动，他被派往荆州新野，出任郡守一职。不久之后，他又迁任荆州防城大都督，兼南乡郡守。

荆州乃丰饶之地，古来兵家之必争，遥想三国当年，曹、孙、刘三人围绕着这片地区，也不知打了多少仗，如今独孤信来到此地，自然要多加留意，细心管理，做出一番成绩来。

官分为两种，一种是治国的文臣，另一种是打仗的武将，两者之间界限分明，通常来说，文臣干不了武将的活，武将也干不了文臣的活。话虽如此，但是我们也要知道，地球上有一种天才叫作文武全才，他们入则为相，出则为将，既能耍笔杆子，也能耍枪杆子，所谓的文臣武将之间的界限，在他们身上显得十分模糊。

天才很少，但并不代表没有，而独孤信就是其中一个。在文章的开头，我们就已经看到，他因为在秦州取得了辉煌业绩，所以声名远播，被老百姓视为信仰，也因此从独孤如愿改名独孤信，这是国家和百姓对他工作成果的充分肯定。至于在打仗方面，他也是一把好手，"文武全才"这四个字，用在他身上真是再合适不过的。

这一次独孤信坐镇荆州，暂时没遇到什么战事，除去平时练兵之外，他有大量的时间精力，可以用来投入改善国计民生当中。

百姓利益无小事，独孤信尽心尽力，在任职期间，大力推进经济增长，提升就业率，有效改善了百姓的生活环境，受到当地百姓的一致赞扬。

独孤信这样做，受益的不仅是老百姓，他自己也是好处多多。是金子总会发光，他所取得的一系列成绩，每个人都看在眼里，记在心上，这是他重要的政治资本，必然会成为他平步青云的一大助力。

且说这独孤信年少之时，有一位小伙伴，名叫贺拔胜。当年那位地主卫可孤横行乡里之时，独孤信和许多小伙伴聚在一起，挥刀向老贼头上砍去，因此有了名声。在当年那群小伙伴当中，就有贺拔胜的名字。

砍死了卫可孤以后，小伙伴们各奔东西，独孤信和贺拔胜这两人都曾经投靠过尔朱荣，但后来尔朱荣死了，所以他俩就跟了一个新老板，也就是北魏孝武帝，元修。

贺拔胜在元修手底下混得不错，官职比独孤信大了许多，这一次来到荆州，看到了独孤信，不由得回想起当初同学少年风华正茂的一幕，而如今两人早已是胡子拉碴，真叫人不胜唏嘘啊。他握住独孤信的手，久久不愿松开，寒暄片刻之后，他的面容忽然变得严肃起来，说："如愿啊，我这次来荆州，可不是为了跟你唠叨家常的。实话告诉你吧，梁国那边最近好像不太安分，看样子是想来咱们的地头上搞事，所以陛下就派我来这里，准备给他们点儿颜色瞧瞧。如愿啊，你在荆州也有一段时间了，怎么样，平时练兵的工作没落下吧？"

一说到公事上，独孤信的态度也变得认真起来，他挺了挺腰板，给贺拔胜敬了个军礼,说:"独孤如愿每日练兵,从未懈怠,请长官检阅!"

"我正有此意!走,带我看看去!"

独孤信带着贺拔胜来到军营,叫手下副官吹响号角,众兵士得令,立刻整理披挂带上兵器,他们集结在一起,在操场上排成几个方阵,动作整齐划一,无比迅速。独孤信依照平时所训练的内容,逐次叫他们行军、布阵、演武,整支军队显得进退有度动静有法,贺拔胜久在军中,自然看得出这支队伍训练有素,便欣慰地点了点头,说:"好,好。这一次攻打梁国,有了你这支生力军帮忙,看来一定是没问题啊!"

贺拔胜检阅完独孤信的军队,又问起了当地的一些政务工作方面的问题,独孤信据实回答,并无夸大或隐瞒之处。贺拔胜初到荆州,不知独孤信所说是真是假,听他说局势一片大好,心里面有些将信将疑,但事后经过调查核实,发现岂止是局势大好,简直是局势太好,好得不得了,当地群众说起独孤信,没有不竖起大拇指的,这让贺拔胜心中又多了一丝震撼。

于是,贺拔胜就上表一封,说独孤信政绩突出,理应嘉奖,建议将他提拔为大都督,加以重用。

很快,批复就下来了,上面写了两个字:同意。

独孤信就这样升了官。

独孤信升官以后,荆州这边的战前准备工作也做好了,于是他就和贺拔胜一起,前去攻打梁国的边防地区。这一仗打赢之后,独孤信因为破敌有功,就从安南将军变成了武卫将军。

此后多年,独孤信换了很多个工作岗位,也换了个新老板,这位新老板也是他的发小,名叫宇文泰。宇文泰对独孤信十分看好,就交给了他一个新的任务,让他去做陇右十州大都督,兼秦州刺史。

独孤信在秦州的光辉事迹,我们在故事开篇的时候已经看到,这里自然也就不必再赘述。也就是在那里，他树立了极高的威信，所以才会被宇文泰赐名为"信"，从此以后，"独孤如愿"这个名字不复存在，他现在是独孤信，威信之信，信义之信，信仰之信。

又过了一些年，恰逢茹茹部落屡次进犯边境，宇文泰为保边境局势稳定，就将独孤信派去河阳，让他镇守边关。独孤信到河阳之后，立刻加强当地防卫，果然使得局势有所好转。到了第二年，宇文泰为了奖励他的功劳，就将他封为柱国大将军。

能做柱国大将军，那可真是不得了的事情，在西魏，一共只有八个人达到了这个官阶，他们被称为"八柱国"。在这八柱国之中，除了独孤信之外，还有周太祖宇文泰，唐高祖李渊的爷爷李虎等，基本上可以说，整个天下的权势都被这几个家族纳入囊中，掌控了中国数百年的历史。

独孤信在宇文泰手下，小日子过得很不错，只可惜快乐的时光总是短暂的，突然有一天，宇文泰死了。

宇文泰临死之前，因为他的儿子宇文觉年纪太小，无法承担起治理国家的重任，所以他就任命侄儿宇文护做辅政大臣，暂且执掌朝政，等到宇文觉长大成人之后，再由宇文护将大权交还。

宇文泰的想法很不错，然而宇文护执掌大权之后，压根儿就没有交还大权的想法，他只想独揽大权，甚至还想当皇帝，任何阻挡在他面前的人，他都想干掉。

不幸的是，独孤信也成为了宇文护的眼中钉肉中刺，于是，宇文护就派了一队人马，去到独孤信家里，给了他一瓶毒酒，让他服毒自尽。

就这样，独孤信被逼无奈，死了，享年五十五岁。

通常来说，在一个故事里面，一个主角死了，那么故事也就结束了。

但是！

江湖上没有哥，但江湖上还有哥的传说。主角已死，但故事仍在继续……

现在，让我们来到陕西历史博物馆，观察一件镇馆之宝。

这件镇馆之宝是一枚印章，只见它的质地是煤精石，高 4.5 厘米，宽 4.35 厘米，共有 26 个印面，其中，有正方形印面 18 个，三角形印面 8 个。每个印面的边长均为 2 厘米，但有些地方因为棱角磨损，不足 2 厘米，不过总体而言，这枚印章还是呈现出一种十分规则的形态。

在这 18 个正方形印面中，有 14 个印面上铭刻着楷书字体的印文，分别是"臣信上疏""臣信上章""臣信上表""臣信启事""大司马印""大都督印""刺史之印""柱国之印""独孤信白书""信白笺""信启事""耶敕""令""密"。

这是谁的印章呢？

这是"史上第一岳父"独孤信的印章。

为什么要把独孤信称为"史上第一岳父"呢？

因为独孤信嫁女儿嫁得实在是太好了，在整个中国历史上，没有人能与他相比。他的几个女婿，都非常有出息，下面我们就来分别认识一下。

请问唐太宗李世民你认不认识？认识。李世民他爹，唐高祖李渊你认不认识？也认识。那么李渊他爹李昞，你认不认识？说到这里，你可能就不认识了，但是不要紧，我们只要认识李昞他老婆就行了。

李昞他老婆是谁？

是独孤信的四女儿。

所以你想想独孤信是什么身份？唐朝的开国皇帝是他的外孙，你说这身份够不够牛？你说，他的四女儿嫁得怎么样？

一个字，好。

接下来，我再问你，请问隋朝的开国皇帝，隋文帝杨坚你认不认识？你应该也认识，就算不认识，也应该知道中国有隋朝这么一个朝代。如果你认识杨坚，那他的皇后独孤伽罗你认不认识？

不认识不要紧，我告诉你，她是独孤信的七女儿。

所以呢？

所以独孤信就是杨坚的岳父。

按照这个辈分再往下一推，隋炀帝杨广和唐高祖李渊其实是同一个辈分的亲戚，两个表兄弟，都是独孤信的外孙。所以当年隋唐争霸，其实就是独孤信的两个外孙在搞东搞西，一个外孙把家财败光了，另一个外孙就果断出来接盘，说到底，都是一家人。

独孤信还有一个大女儿，嫁给了周明帝宇文毓，虽然这位周明帝在历史上并不出名，但好歹也算是个皇帝，自然嫁得也不算差了。

回顾中国上下五千年历史，能把"嫁女儿"这件事情做到如此程度的，唯有独孤信一人而已。因此，独孤信作为"史上第一岳父"，这个头衔是当之无愧的。

请问杨坚，独孤信是你的谁？岳父！再问李渊，独孤信是你的谁？外公！嗯，好，果然是一家人，你们继续统一中国吧。

所以总的来说，终究是独孤信的女儿嫁得比较好一点儿，这是毫无疑问的。因此，独孤信作为"史上第一岳父"，这个头衔也是当之无愧的。

看着"史上第一岳父"的印章，我们不妨来想象一下当年的场景。

想当年，独孤信雄姿英发，在朝廷里做了大官，无数人朝他投来仰慕的目光，但是，官做大了，也有烦心事啊。

独孤信烦什么呢？

烦他的头衔太多了。做官嘛，签字盖章这种事情是少不了的，每一个头衔都有需要盖章的时候，要盖章就得先刻章，结果一刻就是一大堆，实在是很不方便。

怎么办呢？

独孤信很聪明，他想到了一个办法，让别人给他刻了一个章，这个章总共有二十六个印面。独孤信根据需要，使用了十八个正方形印面中的十四个，剩下的那些印面留着备用，以后有需要了，再补上也不迟。

有了这个印章之后，独孤信办起事来可就方便多了。一章在手，天下我有，买一送二十六，再也不用担心盖章了，多好啊……

独孤信的故事讲到这里，也就到了真正应该结束的时候了。总结一下独孤信的这一生，应该算是相当成功的：有良好的出身，是部落酋长的儿子；有英俊的容貌，少年时被称为"独孤郎"，中年时又被百姓视为偶像，打猎归来不小心戴歪了帽子，结果引得满城百姓追随模仿；又能打仗，又会治国，让领导放心，让百姓满意；生了几个女儿嫁得也好，被后世尊称为"史上第一岳父"。

只可惜风流总被雨打风吹去，这一位英姿勃发的独孤郎，竟因为一杯毒酒而逝去了……

韩子高：阵前大将军

从前有个美男子，叫作韩子高。

韩子高原本并不叫韩子高，他最初的名字，应该是叫作韩蛮子。为什么叫作韩蛮子呢？因为他小时候家里面比较穷，穷人家的孩子通常来说会比较喜欢取个贱名，据说这样比较好养，如狗剩、二蛋、铁牛等。

贱名好养是一个原因，除此之外，还有另一个原因，那就是当时穷人往往读不起书，读不起书就没文化，没文化就想不出好名字，所以也就只能将就着凑合，随便取个名字敷衍了事。

总之，不管是因为什么原因，韩子高的本名都应该是韩蛮子，这是毫无疑问的。韩蛮子这个名字，听起来比较野蛮、粗犷，如果没有看到过他的真容，单从名字来联想，给人的感觉就应该是个五大三粗的壮汉。

那么韩蛮子到底长什么样呢？且看《陈书·韩子高传》对他的描写：容貌美丽，状似妇人。

简单来说，一个字，帅；复杂点说，那是一种花样美男的帅，少了几分阳刚粗犷，多了几分阴柔细致。你可以说他长得不够纯爷们，但野蛮的名字温柔的脸，实在是我见犹怜。

韩蛮子生逢乱世，为了躲避战火，韩蛮子

不得不背井离乡。经过一些年以后，战乱结束了，他的家乡那边太平了，不打仗了，于是他就和一批百姓一起，跟在一支军队的后面，准备回到家乡。

在路上，韩蛮子遇见了一个人，这个人是这支军队的统领，名字叫作陈蒨。陈蒨看见了韩蛮子之后，顿时惊为天人，见过长得帅的，没见过长得这么帅的！于是便开口说道："能侍奉我吗？"

韩蛮子定睛一看，哇，这家伙骑着高头大马，穿着绫罗绸缎，一定是个有地位的人，我要是当了他的随从，以后肯定不愁吃穿啊！韩蛮子从小就受穷，穷到现在早就穷怕了，如今好不容易有这么一个大官人要收了他，他哪有不从的道理？

韩蛮子心里想得明白，这恐怕是他一生之中唯一的一次改变命运的机会了，自然要好好把握，于是他就毫不犹豫地点头答应说："我愿从，我愿从！"

韩蛮子那张俊俏的脸，让陈蒨看着就觉得舒服，现在瞧见韩蛮子点头答应了，他心里面更加舒服了。

那一年，乃是553年，韩蛮子虚岁十六。

韩蛮子跟从了陈蒨以后，他的这个土得掉渣的名字，终于得改一改了。毕竟陈蒨是个有头有脸的人物，带一个"蛮子"出去，实在有些拿不出手。经过一番考虑之后，陈蒨决定将韩蛮子改名为韩子高，给人的感觉顿时就比以前高了好几个档次，这个好名再配上他的那张好脸蛋，嗯，完美了。

最初，陈蒨把韩子高带在身边，让他从事的是男仆的工作。

陈蒨这个人呢，平时有些性急，大家知道性子急躁的人通常来说比较难伺候，但是他自从有了韩子高以后，情况就变得不一样了。

韩子高是个聪明伶俐的人，他不仅脸好，而且脑袋瓜也好，陈蒨心里面有什么想法，他总能在第一时间领会，所以陈蒨给他安排下来的事情，他没有办不好的。

美好欢乐的时光，总是过得很快。一转眼，韩子高陪伴在陈蒨身边也有些年头了。经过时间的打磨，韩子高这个玲珑乖巧美少年，逐渐变成了英俊潇洒大帅哥，他也开始有了自己的想法，知道做仆人终非长久之计，总得要学会一些本事才好。

于是，韩子高在平日里端茶送水之余，也开始练习骑马射箭，舞刀弄枪，耍起把式来有模有样的，给人的感觉倒也像是那么一回事。

等到韩子高觉得自己的本事练得差不多的时候，有一天，他就对陈蒨说："陈哥，我听说男人要有自己的事业，所以我想出去纵横沙场，杀敌立功，这样才没有辜负你的一番栽培，你说这样好不好？"

陈蒨心想你这白面小生没见过什么大场面，万一到了战场上，杀人不成反被捅，把自己的命丢了那该怎么办？我身边当然缺人打仗，但我也缺人伺候我呀，你要是没了，叫我上哪儿再找一个贴心仆人去？

陈蒨怕韩子高有什么危险，本来是不想让他去打仗的，但他也知道男人总该出去闯一闯才好，老是窝着也不算是个事儿，所以他仔细考虑过之后，还是答应了韩子高的请求，说："既然你有这么个意思，那我也不拦你，不过你可得给我小心点儿，千万别把自己的命给搭进去了啊，不然的话，我可是会心疼的。"

韩子高一听陈蒨答应了，心里面就高兴得紧，他拍着自己的胸脯打包票，说："陈哥，我都跟了你这么久了，我是什么样的人，你还不清楚吗？我做事，你放心，总之是包你满意！"

"你呀你，只要能留在我身边，我就很满意啦！"

就这样，在韩子高的请求之下，陈蒨分配了一个小队的兵马给他，让他跟着自己去打仗。当然了，给他一队兵马这并不是什么难事，但如果真要让他带头冲锋，那可就得掂量掂量了，刀剑无眼，谁也不敢保证韩子高能全身而退，所以到了打仗的时候，陈蒨还是像平常一样把韩子高带在身边，绝不让他离自己太远。这样一来，既让他感受到了战场的气氛，又保证了他的安全，实在是一举两得。

陈蒨十分宠信韩子高，这种宠信甚至刻进了他的心里，他的骨里，甚至连做梦的时候，也会梦见韩子高。有一天夜里，他做梦梦见自己骑马登山，由于山高路陡，他差点儿从马背上摔下来，就在这关键时刻，韩子高及时出现，把他扶了上去，然后两人携手共进，一起登顶。这场景那可真叫一个美啊，连做梦都要被笑醒了。

话说有这么一天，陈蒨带着大队人马，前去讨伐一个名叫"张彪"的人。张彪一听说陈蒨要带人来讨伐他，象征性地抵抗了一下，然后就赶紧走人了，留下了一座城池给陈蒨。

事情进展如此顺利，让陈蒨心中大喜，他占了这座城池，又让自己的手下大将周文育率兵驻扎在城北的香岩寺那里，两队人马遥遥相望，互为倚仗。

就在形势一片大好的时候，却不曾料到这张彪十分阴险，他竟然采取了半夜偷袭的计策，带人又杀回来了。陈蒨猝不及防，被打得手忙脚乱，结果不得不半夜狂奔，逃出北门，准备去寻找周文育救援。

古时候科技落后，交通基本靠走，通信基本靠吼，不像现在这样只要掏出手机说几句话，马上就能知道对方的位置。所以，虽然陈蒨很想找到周文育，周文育也很想找到陈蒨，但现在深更半夜黑灯瞎火，看也看不清，想联系也联系不上，要想走到一块儿，实在是有点难度。

关键时刻，韩子高闪亮登场了——哦不对，按照现在的情况来看，应该是摸黑登场。当然，摸黑登场也有摸黑登场的好处，这就叫作黑暗中的一道光芒，带领我们走向正确的方向，更加衬托出我们韩大帅哥的关键性和重要性，效果比闪亮登场更好。

只见陈蒨临危不乱，大吼一声，道："韩子高何在？"

韩子高闪身出现，道："末将听命！"

陈蒨道："命你赶快找人来救我！"

韩子高道："末将马上就去！"

于是韩子高奋勇当先，杀出重围，朝着周文育所在的方向狂奔而去，这一路狂奔终于到了终点，跟周文育胜利会师。周文育见了韩子高，问："咱们的老大呢？"

韩子高说："咱们的老大被人围住啦，你快点带人去支援啊！"

周文育问："他在哪里？"

韩子高指了个方向，说："他在那里！"

周文育说："好，我这就带人过去，你先回去保护老大，我马上就到！"

韩子高说："行，我先走了！"

于是韩子高快马加鞭，回到陈蒨身边，说周文育已经出马，让他暂且安下心来。随后，韩子高又四处奔走，把那些被敌人冲散的友军稍稍聚拢，让他们守卫在陈蒨身边，以确保他的安全。

做完了这些之后，韩子高就带领着众人，往周文育所在的方向走去，而周文育也带着人往这边赶来，两军交会之后，韩子高心中既高兴，又激动。高兴是因为终于得救了，激动是因为他不辱使命，他不是无用的花瓶，他也能担当大任！

第二天，陈蒨重整旗鼓，又和张彪大战了三百回合，张彪抵挡不住，再次逃跑，终于没有办法对陈蒨构成威胁了。

这一战大获全胜，韩子高可谓厥功至伟，他的表现使得陈蒨对他有了一个新的认识，原来他并不仅仅是长得帅，会伺候人而已，除了会做仆人之外，他还能做威武将军。于是，陈蒨对韩子高越发地信任，原本只是分给他一小队的人马让他小打小闹，现在终于开始动真格的了，把大队人马拨给了他，让他领军作战，杀敌立功。

韩子高有了这么一个表现的机会，自然要倍加珍惜，他礼贤下士，又舍得花钱，既给面子又给银子，这使得他深受士卒爱戴，大家都愿意归附他，这样日久天长，他手下的人马也就越来越多了，形成了一股不可小觑的势力。

559年，陈武帝陈霸先驾崩，陈蒨随之继位，是为陈文帝。托陈蒨的福，韩子高的地位也随之水涨船高，成了右军将军。

560年，韩子高被陈蒨册封为文招县子爵，食邑三百户，也就是说得以享受三百户人家的税收供奉，这一片地头上的事情归你管。这个待遇说高不高，说低倒也不低，相当于一千多号人一起来养你。

食邑三百户，已经算是不错，至于传说中的万户侯，那就更加了不得。我们读一些历史故事的时候，每当两军对峙，带头大哥为了激励士气，常常会说砍了谁谁的脑袋，就赏赐黄金万两、封万户侯什么的，事实上真正能够达到这个级别的人可以说是少之又少，和平年代要想获封万户侯，几乎是不可能完成的任务，唯有在战争年代，那些立下赫赫战功的将军，才有可能获此殊荣，晋升之路，可谓极难。我们上一个故事的主角独孤信，打了一辈子仗，立下很多功劳，这才成了万户侯，这一路走来，十分辛苦。

韩子高受封为文招县子爵之后，他又参加了一个小型战役，等到这一战打完了，归附他的人就更多了。

大家知道，小弟之所以跟大哥混，也就是图个光明前途，别人跟韩子高混，和韩子高跟陈蒨混的道理是一样的，谁的大腿粗就抱谁的大腿，总之，不吃亏。

韩子高以前抱别人的大腿，抱了这么多年，现在终于也轮到别人来抱他的大腿了，这种角色的转变让他体会到了当大哥的感觉，这种感觉让他觉得自己肩上的责任更大了——哦不对，应该是说大腿的责任更大了。

大腿越粗，责任越大，韩子高是个明白事理的人，他知道这么多人慕名来投，他总不能亏待了人家，于是他就决定想个办法，给这些人一个好出路。什么办法呢？那就是抱一个更粗的大腿。

要说这朝廷里面，大腿比韩子高还粗的人，还真没几个，唯一值得让韩子高去抱大腿的，也就是陈文帝陈蒨而已了。

于是，韩子高就去找陈蒨，说："陈哥，最近好多人来抱我大腿，嘴里一口一个大哥，喊得可亲了，我平白无故收了这么多小弟，觉得压力很大啊。陈哥，我这个人你是知道的，心有余而大腿不够粗，罩不住这么多小弟，要不你帮我一把，手头上要是有什么好工作，就给他们安排几个，这样我在小弟面前也好交代啊。"

陈蒨一听，笑了，他拍了拍韩子高的肩膀，说："子高啊，你小子出息了啊，小弟混成哥了啊，还知道跟我来讨赏了啊！"

韩子高也笑了，说："陈哥，这都是你教导有方，要不是你，我哪有今天啊？"

"行，既然是我家子高开口了，那我就依了你，给他们意思意思一下吧！"陈蒨点头答应了。

"谢陈哥隆恩！"韩子高大喜过望，连忙叩头谢恩。

561年，韩子高官职调动，由原来的职位迁任为员外散骑常侍、壮武将军、成州刺史。

后来，韩子高跟几位将军一起，去讨伐一个名叫"留异"的人。此时的韩子高兵强马壮，手下精锐甚多，俗话说"艺高人胆大"，韩子高则是"人多我不怕"，他手下这群小弟给了他很大勇气，于是开战的时候他就大吼了一声"兄弟们跟我上"，然后径直冲上去了。

韩子高这一冲不要紧，可就把自己置身于危险的境地当中了。毕竟不管你小弟再多，你的脖子还是肉做的，肉做的脖子碰上铁做的刀，分分钟会没命。小弟固然可以帮你砍人，关键时刻甚至可以帮你挡刀，但如果你离小弟太远，那就只能是你自己砍人自己挨刀了，出了啥事儿只能自己解决了。

且说这韩子高单枪匹马冲入敌阵之中，开始大杀特杀，主宰战场，只可惜他一个人再怎么神勇，毕竟也还是一个人，而不是神。正所谓双拳难敌四手，更何况是这么多手，人手一刀朝他砍过来，砍得他左躲右闪，终究还是没能全部躲闪，结果一不小心，哎哟好痛，就发现自己左边脖子挨了一刀，连那他飘逸的长发也被削掉了一大半。

这把刀吹毛断发，本来要是完全砍中了，韩子高的脑袋肯定是得飞起来的，幸亏韩子高命不该绝，所以他虽然挨了一刀，却也只是个轻伤，疼是疼了点，不过没关系，反正死不了。

韩子高身先士卒，以至于脖子受伤，他手下的小弟见到大哥这么卖力，哪里还有不拼命的道理？于是他们一个个也都冲了上去，一边保护大哥，一边跟敌人对战，两拨人马打得血流成河，血肉横飞，足足战了三百回合，这才收工回去吃饭，等到改天有时间继续再战。

打完了这一次之后,双方又打了几次,终于,韩子高和他的几位同僚打死了敌人的老大,夺了敌人的地盘,取得了最后的胜利。

这一仗打赢,韩子高再立一功,被封为贞毅将军、东阳太守。

564年,朝廷里有一批人马,从临川出发,准备征讨敌人。韩子高接到军令,就从安泉岭出发,双方在建安会合,前去攻打一个叫作"晋安"的地方。

诸位将军平时并不聚在一块,如今见面了,自然要观察一下各方的兵力对比,等到打仗的时候心里也有个底。经过比较之后,人们得出了一个统一结论:诸将之中,人马最为强盛者,非韩子高莫属。

韩子高手下有一批这么强盛的兵马,打起仗来自然是无比给力,这一次征讨晋安,毫无疑问又是大获全胜。

得胜以后,韩子高立刻加官晋爵,官封通直散骑常侍,爵位则由子爵升级为伯爵,食邑的数量再加一百,变成了四百户。到了第二年,他又被封为右卫将军,为陈蒨镇守京都,其声望之盛,无人可比。

韩子高原本只是个穷人家的孩子,却在这十余年之间,摇身一变成了叱咤风云的大将,荣华富贵享之不尽,如此巨大的身份转变,真如天壤之别。毫不夸张地说,这简直就像做梦一样——不,简直比做梦更美妙。

可惜的是,梦境再美,终究还是要醒的。

韩子高之所以能有今天的地位,归根结底不是因为他打了多少仗,立了多少功,而是因为陈蒨对他的宠爱。假如有一天陈蒨不宠爱他了,那么,他又会怎样呢?

答案很简单,他会死。

准确地说,陈蒨之所以不宠爱韩子高,并不是因为他不想宠爱,而是因为他已经无法再宠爱了。

陈蒨病了。病得很严重。严重得让人感觉他随时有可能死去。

不管一个人对另一个人的牵挂有多深，情感有多重，都会随着生命的消逝而消逝，死人是无法宠爱活人的，命没了，一切也就都没了。

对于陈蒨的病情，韩子高简直无法接受。他不敢去相信，本来活蹦乱跳的一个人，明明看起来一点儿事都没有，怎么突然之间就倒下了，而且病情还来得这么凶，这么猛？

韩子高带兵打仗这些年，让他学会了一个道理，那就是"兵败如山倒"，两军交战如果有一方显露出败象，那就会挡也挡不住，一路溃败下去。而如今，陈蒨的病让他学会了另一个道理，那就是"病来如山倒"，致命的疾病几乎是在顷刻之间就彻底抽空了陈蒨的生命力，摧毁了他的各项身体机能，任何医药都无法奏效，只能眼睁睁看着他逐渐朝着死亡迈进。

566年，陈蒨驾崩，随后，他的嫡长子陈伯宗继位登基，是为陈废帝。

陈废帝这个谥号，一眼看去就给人一种很不妙的感觉，好像他会随时被人废掉一样。

确实，陈废帝只做了两年零七个月的皇帝，就被人给废掉了，过了两年之后又被人杀了。像这样一个屁股还没坐热就从龙椅上滚下来的皇帝，他的根基自然是不稳的，事实上，在他当皇帝的那一段时间里，真正执掌大权的人，应该是安成王陈顼，也就是后来的陈宣帝。

陈顼野心勃勃，一心谋求帝位，然而他要想达到这一个目的，必须要先做好许多准备工作才行，如杀人。

杀什么人呢？杀那些会对他构成障碍的人。什么样的人会对他构成障碍呢？手握大权而又不属于他这一派系的人。比如，韩子高。

陈顼在这一边谋划着对韩子高动手，而在另一边，韩子高也意识到了自己的危险。他知道自己兵权过重，是某些人的眼中钉肉中刺，一旦朝廷里有什么变动，他第一个就会被别人拿来动刀。很显然，这样的结局并不是他想要的。

那么该如何防止这种情况发生呢？

韩子高第一时间想到的就是走后门找关系。这些日子以来，他到处去拜访那些达官贵人，好话说了一箩筐，好礼送了一大堆，希望到时候自己万一出了什么事儿，他们能够帮自己罩着点儿。

面对韩子高的到来，人们的态度显得十分暧昧，既不说帮，也不说不帮，只是含糊其词，说"我再研究研究，考虑考虑，你先回去等通知，有了结果再告诉你……"

这些人的态度实在无法让韩子高感到满意，于是他决定再想些别的法子，来保障自己的安全。

什么法子呢？有一句话叫作"伴君如伴虎"，同时也有一句话叫作"山高皇帝远"，皇帝从来都是政治旋涡的中心，越靠近越危险，越远离越安全。所以韩子高要想保命，最稳妥的办法就是远离皇帝，远离政治斗争，最好能独自占领几座城，到时候他有兵有粮，活脱脱就是个"土皇帝"。别人要是不想对他动手，那倒也就罢了，要是想对他动手……哼哼，打架就打架吧，谁怕谁？

假如韩子高确实能够离开京城，被下放到藩镇，那当然是再好不过的。但问题是，他要想实现这一目的，首先要得到朝廷的批准同意，才能够完成这个工作调动，可是，朝廷会同意他吗？

很显然不会。朝廷现在真正的掌权者是陈顼，他早已有了向韩子高动手的打算，自然不可能纵虎归山，所以，当他看见韩子高的调动申请的时候，只是笑了一下，就随手扔进了垃圾桶，心中对韩子高的杀意更盛了。

567年，在陈顼的授意下，有人向朝廷控告韩子高图谋造反。随后，陈顼立刻以开会讨论册立皇太子为理由，对文武百官发出召集令，而韩子高也在其中。

韩子高不知是计，于是便孤身前往，然后他就被抓了，再然后他就死了，享年虚岁三十。

卫玠：粉丝太多也是一种烦恼

常言道：爱美之心，人皆有之。相信各位读者平时出门的时候，若是遇见了什么帅哥美女，总是会忍不住多看两眼，假如条件允许的话，当然是看的时间越久越好。

无论是看帅哥，还是看美女，都是一项有益的活动，看的人舒服，被看的人身上也不会少一块肉，照理说，这应该是没什么问题的。但是，假如看的人太过热情，被看的人太过柔弱，情况又另当别论了。

我们在看小说的时候，常常会看到这样一句话：假如眼神能杀死人的话，某某早就已经死了一万遍。这句话虽然有些夸张，但是在历史上，确确实实发生过眼神"杀死人"的故事。这个故事甚至还演变为一个成语，叫作"看杀卫玠"。

卫玠，字叔宝，生活在晋朝。卫玠出身名门世家，他的爷爷卫瓘乃是晋朝的开国元老，作为功臣的后代，卫玠的小日子是过得十分滋润的。

遥想当年，卫玠五岁的时候，就已经显露出了一位帅哥的潜质，史书里说他长得"风神秀逸"，比一般的小孩要俊俏得多，只要假以时日，必定能从小帅哥成长为大帅哥。

这么一个宝贝孩子，自然很惹大人怜爱，

他的爷爷卫瓘平时下班有空的时候，就时常把他抱在怀里逗他玩，祖孙二人共享天伦，欢乐无比。然而在欢乐之余，卫瓘却时常感觉到深深的遗憾，不由自主地发出叹息："唉！这孩子长得帅是帅了，只可惜我年纪太老，只怕是没法子看到他长大成人啦！"

后来，卫瓘不幸言中，果然没能看到卫玠长大成人。只不过，他并不是老死，而是死于一场政变，那是在291年的一个深夜，一队人马突然闯入卫瓘家中，几乎把卫家的男丁杀得一干二净，幸亏卫玠当时生病，和哥哥卫璪一起住在医生家里，这才逃过了一劫。

那一年，卫玠只有六岁。小小年纪，痛失至亲，真是命运多舛。

这一次政变过后不久，又有另一批人发动了另一次政变，把卫玠的仇家给整死了。趁此机会，他的姑姑赶紧上书申冤，让朝廷将卫瓘追认为烈士，又让卫璪继承了卫瓘的爵位，从此以后，卫玠兄弟俩和妈妈过着相依为命的生活。

又过了几年之后，卫玠慢慢长大了，从儿童变成了少年。少年时代的卫玠，比童年时代又帅了不少，有一天，他坐着一辆羊车，慢悠悠地在大街上晃荡着，当时街上人来人往，忽然，也不知是谁指着他大叫了一声："快看哪，好帅一个哥！"

有帅哥？在哪里？快瞧瞧！

一时之间，那些老中青少幼年女性全都兴奋起来，激动起来，她们听声辨位，迅速在人海之中找到目标，齐刷刷地朝卫玠行起了注目礼。随着围观的女性群众越来越多，搞得旁边的男性群众也按捺不住自己的好奇心，纷纷踮起脚尖，伸长脖子，睁大眼睛往人群最中央看去，里三层外三层，把卫玠的羊车围得水泄不通。

在围观的同时，大家也没有忘记对卫玠评头论足：

"啧啧，你瞧他那张小脸蛋，多新鲜多水嫩啊！"

"可不是嘛，你瞧他的皮肤，简直就像白玉一样！"

"岂止是皮肤，我看他整个人都是玉做的呀！完全就是粉雕玉琢的一个人啊！"

"苍天啊，大地啊，为什么要让我遇见这么帅的帅哥，以后要是看不到他了，叫我怎么活啊？"

大伙儿一边对卫玠进行强势围观和评论，一边随着卫玠羊车的移动而移动，从城东移到城西，又从城南移到城北，可谓是万人空巷，盛况空前。对于那一天的热闹场面，史书里用了五个字来形容：观之者倾都。

有一个成语叫作"倾国倾城"，说的是汉武帝的宠妃李夫人，诗曰："北方有佳人，绝世而独立。一顾倾人城，再顾倾人国。宁不知倾城与倾国，佳人难再得！"

既然美女能够倾国倾城，那么相对地，帅哥自然也能倾都。卫玠能够使一个首都的人为之倾倒，其英俊程度由此可见一斑。

话说卫玠有一个舅舅，名叫王济，乃是朝廷的大官，此人长得"俊爽有风姿"，也是个帅哥。不过，帅哥跟帅哥之间还是有区别的，如果说满分十分，那么王济能打八分，卫玠能打十二分。

常言道：人比人，气死人。王济这个八分帅哥平时看着还好，一旦跟卫玠这个十二分帅哥站到一起，那可真是一个天上一个地下，马上就从金凤凰变成了一只掉光了毛的铁公鸡，显露出原形来了。

对此，王济觉得压力很大，他每次跟卫玠见面，都会由衷感叹道："我说你再帅也要有个限度吧，至少也该给我这种普通帅哥一条活路吧，你都帅到没边了，叫我以后怎么好意思出去见人啊？"

卫玠耸肩摊手，表示无能为力："长得帅又不是我的错，天生的就是这张脸，我有什么办法？"

王济只能认输："好吧，你赢了。"

其实，王济对自己这个英俊的外甥还是挺满意的，他曾经在别人面前狠狠地夸过卫玠一回，说："每次跟我家小玠出门游玩，都仿佛感觉有一颗明珠站在我身旁，发出万丈光芒——啊！为何他如此耀眼！"

好了，关于少年卫玠的故事，到这里就结束了。接下来，让我们看一下青年卫玠的故事。

青年时代的卫玠，对吃喝玩乐之类的事情兴趣不大，而是一心一意钻研起了玄学。

魏晋时期的玄学，主要以研究《老子》《庄子》《周易》这三本书为主。魏晋时期的士大夫研究玄学的方式，主要以清谈为主。

"清谈"在某种程度上约等于空谈，说的全是空话，一点也不务实，理论是一套一套的，实用性是半点没有的。三国时期，吴国有一人名叫杨泉，他写了一本《物理论》，对"清谈"的意义进行了一番总结，说：虚无之谈，尚其华藻，无异春蛙秋蝉，聒耳而已。

虚头巴脑的谈论，只推崇华丽的辞藻，无异于春天的蛙叫和秋天的蝉鸣，在人的耳边聒噪而已，没有一点意义。

玄学清谈虽然没有意义，但却是魏晋时期士大夫之间重要的交流形式，就好像我们现代人之间见了面会打声招呼问"吃了没"，其实对方吃没吃饭，吃了什么饭，对自己而言并没有任何影响。人家要是回答说没吃饭，你也不会拉他去下馆子，真要是想请客吃饭，都是提前约好的，哪有在大马路上临时见面才约饭的道理？

见面打招呼，说的虽然是空话，套话，客气话，却不能不说，不然别人就会觉得你这人没礼貌；同样的道理，玄学清谈再怎么没意义，魏晋时期的士大夫也要掌握这门技巧，不然别人就会觉得你没文化。

清谈不仅费脑，还要费口舌，而且常常会带有辩论性质，对人的学识见地和口才反应都是很大的考验。如果你水平不够，别人问三句你答一句，那你的面子可就挂不住了。

卫玠虽然是个宇宙超级无敌大帅哥，学问挺高，口才也好，但他有一个致命的弱点，那就是体质不行，连清谈久了都会觉得累。

为了卫玠的身体着想，他老妈严格限制了他的行动，除非是逢年过节之类的大日子，否则不许他跟别人清谈。

卫玠空有满腹才学，却不能跟别人说，那可真叫一个憋得慌。所以，每当有机会的时候，他就会滔滔不绝口沫横飞，把心里面憋了好久的话一股脑儿地全倒出来，亲朋好友们听了，对此无不叹服。

江湖上有一位仁兄，姓王，名澄，字平子，此人久负盛名，自视甚高，总觉得自己一般一般，天下第三，很少把别人放在眼里——不过，卫玠是个例外。

每一次，王澄听见卫玠清谈玄学，都会回味再三，仿佛卫玠说的不是话，而是可以放在嘴里反复咀嚼的东西，越嚼越有劲，越嚼越过瘾，实在是令他大为倾倒。

王澄和卫玠之间的故事，被当时的人传为佳话，曰："卫玠谈道，平子绝倒！"这里面的"平子"，指的是王澄的字。

除了王澄之外，江湖上还有两位姓王的哥们儿，分别是王济、王玄，也挺出名的。

王济，也就是刚才提到过的卫玠的舅舅，《晋书·王济传》里面说他"少有逸才，风姿英爽，气盖一时，好弓马，勇力绝人，善《（周）易》《庄（子）》《老（子）》，文辞俊茂，技艺过人，有名当世"，也是个高帅富级别的人物。如果说卫玠是花样美男，那王济就是肌肉猛男，只可惜魏晋时期的审美偏向于花样美男多一点儿，所以才让卫玠出尽了风头。

至于王玄，我在史书里并没有看到他和卫玠有什么交集，所以大家知道有这么个人就行了。

有一句话，人们常挂在嘴边，说"三个臭皮匠，顶个诸葛亮"，但其实这句话是不正确的，如果你要去打天下，一万个臭皮匠也不如一个诸葛亮好用。这就是高端职业玩家和菜鸟业余玩家之间的区别，某些巨大的鸿沟是不能用数量来填平的。

同样，王澄、王济、王玄这三位大名士加起来，也比不上卫玠这个大帅哥。百姓的眼睛是雪亮的，他们早已给出了自己的评价："王家三子，不如卫家一儿。"

什么叫帅气？这就叫帅气！

帅气无敌的卫玠，迷倒了无数粉丝，他是万千少女的意中人，是完美伴侣的化身，若是能嫁他，简直做梦都要笑醒。

说到这里，那么我们要问了：到底是哪家的姑娘，有这样的福分，嫁给了卫玠做老婆？

此事说来话长。

话说卫玠的爷爷卫瓘当年在世之时，有一回，他和江湖上的各大知名人士展开了一场亲切友好的玄学座谈会。在会上，他仔细倾听了别人的观点和看法，觉得都是些老生常谈，毫无新意，顿时觉得这场会议有点儿索然无味了。就在这关键时刻，他猛然听见一声断喝，曰："诸位休走，听我大讲三百回合！"

卫瓘定睛一看，只见此人羽扇纶巾，雄姿英发，谈笑间，口水飞溅不绝,直说得天花乱坠地动山摇,端的是个英雄人物!

卫瓘顿时心生敬佩,手抚胡须点头赞道:"老朽本以为我朝早已没有大好男儿,直到今日见了你,才发觉一切都是自己想太多了!敢问壮士,高姓大名?"

"在下姓乐,名广,字彦辅,乃是南阳淯阳人也!"

卫瓘拊掌而笑:"好,我记住你了!"

回家之后,卫瓘马上叫他的几个儿子去乐广家登门拜访,还顺便把乐广狠狠地夸了一通,说:"我研究玄学多年,还真没见过有多少个比他厉害的!你们去到人家那里记得要放机灵点儿,好好学习虚心接受教育,明白吗?"

"明白了,爹!"哥儿几个异口同声地回答。

经过此事之后,乐广的名声迅速传播开来,深受众多知名人士所喜爱,因此得以平步青云,成了河南地区的名人。

话说乐广在河南上班的时候,有一位亲朋好友只拜访过他一次,就再也不来了。对此,乐广觉得非常奇怪,有一回好不容易两人又见面了,乐广赶紧趁机发问道:"咋啦,哥们儿,都这么长时间没见了,为啥你不来找我玩儿呢?"

哥们儿回答说:"唉,实在不是我不想找你,而是我怕去找你啊!"

乐广心中好奇,问:"这是为何?"

哥们儿说:"上次我去你那里坐了一会儿,你招待我喝酒,我正想一口把它干了,忽然看见杯子里有一条蛇,差点儿就把我吓尿了。当时我犹豫了一下,本来是不想喝的,但想想你现在是大官了,你赏脸请我喝酒,我总不能不喝,而且说不定你这种用蛇泡的药酒乃是大补之物,我就算是再怎么怕蛇,忍一忍也就喝下去了,说不定对身体有好处。所以,我左思右想,终于还是把那杯酒给喝下去了。可是我万万没想到啊,我喝了那杯酒之后,好处没有,坏处倒是有不少,恶心得我病了好久都没恢复过来啊!你说,发生了这种事之后,我还敢再去找你玩吗?"

"什么?酒里有蛇?"乐广更加惊奇了,说,"你看我像是这么重口味的人吗?好好的酒不喝,干吗非得拿蛇来泡药酒啊!"

哥们儿疑惑了,说:"是吗?可我明明看见杯子里有蛇啊!"

乐广想了想,说:"错觉,一定是错觉!我大概已经猜到你之前看到的是什么东西了,这样吧,你再跟我去一趟我那儿,我再演示一遍给你看!"

乐广带着哥们儿去到了原先喝酒的地方,他在桌上又摆了一杯酒,说:"你瞧瞧,酒里是不是还有蛇呀?"

哥们儿低头看了看,说:"真的有哎!"

乐广哈哈大笑,指了指墙上的一处地方,说:"你再瞧瞧,那上面有什么?"

哥们儿抬头一看,原来这房子的装修十分奇特,从墙上凸出了一个角来,而且这角上居然还画了一条蛇!哥们儿再低头看了看自己的酒杯,顿时恍然大悟,也哈哈大笑了起来,说:"原来如此,原来如此!"

哥们儿这么一笑,心中的郁结马上就解开了,困扰了他许久的病症也随之一扫而光。

以上,就是成语"杯弓蛇影"的典故出处。为了拓宽各位读者的知识面,我在这里顺便给大家提一下。接下来说点儿卫玠与乐广之间的故事。

遥想当年,卫玠还是个少年的时候,曾经请教过乐广,问:"乐老师,你说梦这种东西,究竟是怎么一回事呢?"

乐广答曰:"日有所思,夜有所梦。"

少年卫玠皱了皱眉,说:"不对呀!比如,我平时没有接触过鬼,却会梦见鬼；或者说我并没有想象自己会飞，可我有时却梦见自己会飞。无论是肉体也好，精神也好，都没有跟某事物接触过，既然无思无想，为何还会做梦？"

乐广答曰："世间万物皆有因果关联，梦境其实是潜意识的一种反应，就算你感觉不到，也并不代表它不存在。"

卫玠似懂非懂，说："真的是这样吗？可我怎么还是感觉有些想不通呢？"

乐广拍了拍卫玠的肩膀，说："想不通就回去慢慢再想，直到想通为止。"

卫玠见此，自知再问下去也是无用，于是便也只能把头一点，说："那好吧，我回去再想想。"

卫玠回家之后，终日埋头苦思，可惜他只是个帅哥，而不是周公。所以，卫玠冥思苦想了一个月之后，想得快要爆了头，也没想出个所以然来。

百思不得其解的卫玠，终于想出病来了，他每天精神恍惚，茶饭不思，嘴里不停地念叨着"这到底是为什么呢"，整个人都憔悴了。

卫玠作为一名帅哥，他的身体健康状况，自然牵动着万千粉丝的心。大伙儿听说卫玠病了，一个个都很着急，生怕他有什么三长两短，被老天爷收了去了，那他们以后就没帅哥可看了。

乐广听说卫玠病了，他心里也很着急，赶紧去到卫家，探视卫玠的病情。

俗话说得好，心病还须心药医，解铃还须系铃人。卫玠一心一意钻研梦境，却苦思无解，正需要一位高人来指点迷津。刚好乐广就是一位高人，他去到卫家之后，马上给卫玠谈玄论道，说："日有所思，夜有所梦。庄周梦蝶，蝶梦庄周。人生如梦，梦如人生。天道循环，因果相生。"

听乐广这么一说，卫玠终于大彻大悟，说："乐老师，我明白了！"

"那你的病好了没有？"

"好了！"

"好了就给我乖乖吃饭去！一个月不见，瞧你小子又瘦了几斤，就算你不考虑自己，也总该考虑一下万千粉丝的心情呀！"

"我马上去吃！"

看着卫玠欢欣喜悦活蹦乱跳的身影，乐广忽然心生万千感慨，叹道："这乖孩子心里面一定没什么大病呀！"

后来，少年卫玠长大了，变成了青年卫玠，正所谓男大当婚女大当嫁，他也是时候该娶个老婆，开始美好的幸福生活了。

卫玠结婚的对象，是乐广的宝贝女儿，至于这位姑娘具体叫啥，史书里没说。从此以后，卫玠和乐姑娘幸福地生活在一起，而乐广也从他口中的"乐老师"变成了"岳父大人"。

关于这一场婚姻，当时的人们是这样评价的："妇公冰清，女婿玉润。"（《晋书·列传第六·卫玠传》）

妇公，也就是老婆她爹的意思。令我觉得奇怪的是，这一句评语里面有岳父，有女婿，可是老婆往哪儿去啦？正常情况下，要想评价一场婚姻，应该是"老婆挺好，老公也挺好"，或者"她好，他也好"才对吧？为什么把老婆给忽略了，说什么"岳父挺好，女婿也挺好"，"他好，他也好"呢？

对此，我只能说这实在是太奇葩了。

俗话有云：成家立业。卫玠如今既然已经成了家，自然而然地，他要开始立业了。

作为名门世家的官宦子弟，卫玠毫无疑问要子承父业，孙承爷业，去到朝廷里当官。当时，朝廷多次下发了关于卫玠就业问题的文件，要求卫玠接到通知之后，立即动身前去上班，但卫玠作为一名高级知识分子，清高的姿态还是要摆一下的，所以他就借口自己得了一做官就会死的病，多次拒绝了朝廷的任命。

后来，卫玠终于病好了，于是他就接受任命，成了"太子洗马"。

"太子洗马"这个官名，一眼看上去好像是个搓澡的，要帮太子的马洗澡的意思。其实"洗"这个字读作"xiǎn"，含有"先驱"的意思，所以"太子洗马"的真正含义，是指走在太子前面，做太子的先驱，带领他走向正确的道路。"太子洗马"作为太子的侍从，更多的时候起到的是"智囊团"的作用。

下面我来简单介绍一下卫玠当时所处的年代背景。

东汉末年群雄逐鹿，历经魏、蜀、吴三国纷争，终于被司马氏的晋朝所统一。晋朝是一个政治动荡民生凋敝的年代，在千古淫后贾南风的折腾之下，闹出了史上有名的"八王之乱"。卫玠的爷爷卫瓘，就是被八王之一的楚王司马玮和贾南风联手诛杀的。由于中国内乱，无法抵抗外敌，异族侵略者的铁蹄因此得以长驱直入，史称"五胡乱华"。

卫玠所处的年代，正是从"八王之乱"过渡到"五胡乱华"的动荡时期。简单地说，就是乱世。

生逢乱世，对于某些英雄人物来说，正是建功立业的大好机会，然而卫玠不是英雄，他只不过是一个帅哥而已。他唯一的资本就是长得帅，如果说他还有别的什么本事的话，那大概是他在玄学清谈方面比较厉害吧。

然而清谈有用吗？清谈误国。如何富国强兵，如何安抚百姓，如何驱逐外敌，这些事情从来不谈，只会谈一些脱离实际的问题，比如，卫玠向乐广请教，人为什么会做梦……

确实在做梦。可是梦不能做一辈子。梦醒之后，举目四顾，发现国破了，家亡了，生灵涂炭了，满目疮痍了。你能做什么？哦，原来你会清谈，你好厉害。

魏晋时期的士大夫一个个都是清谈高手，谈来谈去，终于把国家谈没了。国家没了，日子也就难过了，怪谁？怪自己。

好了，年代背景介绍完了，下面我来给大家继续说说卫玠的故事。

卫玠虽然不是英雄，但他也绝对不傻。他敏锐地意识到，今日之天下已非昨日之天下，在这样的乱世，每一个人都只不过是蝼蚁，一不小心，就会死了。卫玠拯救不了世界，他也不想死，所以他只有逃。

往哪儿逃呢？往南逃。在中国历史上，外敌往往来自北方，而南方的尽头则是茫茫大海，那里是不会有外敌的。中国历朝历代往往建都北方，因为只有这样才能集中优势兵力，与外敌相抗。天子守国门，如果实在守不住了，那就只有以身殉国，或者往南逃。只不过，到了清朝的时候，世道却变了，敌人从海上来了，慈禧老佛爷也傻眼了。这是后话，不提。

且说卫玠看到天下大乱，许多人拖儿带口逃往南方，他觉得自己也该跟着大家逃跑，不然小命难保。于是，他就去跟老妈商量，说："妈，你看这世道一天不如一天了，不如咱们全家搬到安全点儿的地方去吧？"

老妈说："咱们走了，那你老哥怎么办？我放心不下他一个人留在这里啊！"

当时，卫玠的哥哥卫璪在朝中担任散骑侍郎的职位，已经有些年头了。他的官职比卫玠高，又是晋怀帝司马炽的侍臣，要时刻陪伴在晋怀帝左右，是不能将晋怀帝弃之不顾，和别人一起逃难的。

再说了，就算卫璪有机会跑路，他也未必真的会跑，毕竟对于某些忠臣来说，要随时做好为君王牺牲的准备，正所谓"孔曰成仁孟曰取义"，关键时刻命可以不要，但是气节不能丢。

卫玠很清楚，自己的哥哥是一个气节大过天的家伙，要让他丢掉皇帝不管，这是不可能的。所以，他只能这样劝说自己的老妈："哥哥的脾气我最清楚，你是叫不动他的。如果咱们跟他一起留在这里，过一阵子等敌人打上门来，只怕我们全家老小都得没命。老妈啊，以前咱们卫家遭逢大祸，就剩下我跟哥哥两个男丁继承香火，如果这一次咱们再不走的话，说不定卫家真的要绝后啊！"

老妈听卫玠这么一说，眼泪顿时就止不住地流下来了，她哭了一阵，也想不出别的什么办法，到最后只能哽咽着说："那好吧。"

临别之时，卫玠和卫璪见了最后一面，说："哥哥，我知道你是个心怀忠义的好男儿，如今天下汹汹，危机四伏，你一个人留在这里，还请你多加小心啊！"

卫璪点了点头，说："我知道。"

"哥哥，那我们走了哦。"

"走吧。路上小心点儿。"

于是，卫玠就带着家人，一路辗转奔波，去到了江夏。至于卫璪，则继续服侍在晋怀帝身边，后来，他死在了侵略者的屠刀之下。

话说卫玠去到江夏之后，总算过了几天安稳日子，不过，这种平静的生活很快又被打乱了：他的老婆病死了。

如果不是路途颠簸，如果不是换了一个新环境水土不服，也许卫玠的老婆会没事，只可惜世上没有如果，也没有包治百病的灵丹妙药，所以卫玠的妻子只能死。

老婆死了，日子还得继续过，卫玠虽然伤心，却也无可奈何。

当然了，作为一个帅哥，卫玠是不会一直孤单下去的，很快，就有人把女儿送上门来了。

这人名叫山简，乃是朝廷的征南将军，他对卫玠非常器重，这一次看到卫玠没了老婆，心里很着急：这么帅的一个哥，怎么能没有老婆？

卫玠和山姑娘结婚之后，觉得江夏也不太平，于是又把家搬到了豫章。

当时坐镇豫章的，是大将军王敦。王敦有一个手下，名叫谢鲲，对于卫玠的大名，谢鲲早有耳闻，如今听说卫玠到豫章来了，他心里很高兴，立即和王敦一起，跑去跟卫玠见了一面，双方促膝长谈，天南地北东拉西扯聊了一整天。

卫玠清谈的本事，那可真是一流的，他深深折服了谢鲲，同时也折服了王敦。谈话结束之后，王敦感慨万分，对谢鲲说："果然是长江后浪推前浪。本来，我已经对这个社会失望了，以为再也找不到人才了，没想到这黑暗的世界突然亮起了一盏明灯，指引了我前进的方向，驱散了我心中的彷徨——啊！如果没有卫玠，世界将会怎样？"

面对众人的夸奖，卫玠十分淡定，作为一个顶尖帅哥，他的粉丝何止千千万，收过的鲜花何止万万千？像这种身外之物，他早已心如止水，达到了喜怒不形于色的最高境界。

话说这一位王敦，拥有很大权势，在这样的乱世之中，他难免会有些想法，暗中搞一些图谋造反之类的事情。卫玠阅人无数，智商爆表，对于王敦心里的小九九，他又岂会不知？

然而知道是一回事，做到又是另一回事，卫玠知道得再多，也还是拿王敦没办法的。虽然他长得帅，但是帅又不能当饭吃，在打架的时候就更加没用了，多少帅哥在打架的时候都会高呼一句"不要打我脸"，这种时候帅反而是累赘了。

卫玠知道王敦并非忠臣，所以就想跟他划清界限，免得以后出事了被他拉下水。要想划清界限的最好办法，莫过于远离此人，到时候一个天南一个地北，还能扯上什么关系？

于是卫玠决定再一次搬家，从豫章搬到建邺去。

建邺乃是东晋首都，许多达官贵人都和皇帝一起，把家搬到建邺来了。卫玠来到这里，再一次回到天子脚下，心中觉得安全了许多。

本来呢，卫玠这些年颠沛流离，四处奔波，如今来到建邺，是应该好好休息一下。只可惜，树欲静而风不止，帅哥想休息但粉丝不同意，大伙儿一听说卫玠来了，纷纷招呼自己的亲朋好友，说："同去，同去！看帅哥去！"

你也要看帅哥，我也要看帅哥，大伙儿凑在一起，就把路给堵了。卫玠来到城中，只见人头攒动，到处都有人兴奋地高呼："帅哥好！"

面对大伙儿的热情，卫玠实在是难以推却，只能朝着粉丝们挥手示意："粉丝们好！"

大伙儿一见到大帅哥朝他们挥手，心里面更加兴奋了，又想到帅哥的时间宝贵，想追他的美女排成队，他能在百忙之中抽空和粉丝互动，这是一种多么伟大的情操啊！

于是粉丝们纷纷流下感动的泪，齐声呐喊道："帅哥辛苦了！"

卫玠虽然精神状态不佳，但也只能勉强打起精神，说："不辛苦，不辛苦！"

就这样，卫玠一路上被广大粉丝围了个里三层外三层，围得水泄不通，他应付完了一批又一批，人潮才逐渐散去，交通才恢复了正常。随后，卫玠来到自己的临时住所里，往床上一躺，就彻底累趴下了。

本来卫玠的身体就不好，一路上又奔波劳碌，如今总算来到了建邺，还不能好好休息，他的身体哪里还能撑得住？

结果，卫玠就过劳死了。享年二十七岁。

卫玠的死，在当时的社会上引发了强烈反响，人们都说是因为粉丝热情过度，让卫玠劳累过度，他才会死的。所以，卫玠的死因是他杀，由于太多人围着他看，才把他"看杀"的。

虽说吸引别人的眼球是件好事，但如果吸引的眼球太多了，以致自己被看杀了，那可就得不偿失了。

卫玠死后，被葬于南昌。消息传到豫章，先前对卫玠十分欣赏的谢鲲顿时就哭得梨花带雨、晚来风急！

别人看到谢鲲哭得这么厉害，就非常好奇地问他："卫玠跟你非亲非故，你为何要如此痛哭？"

谢鲲痛哭流涕地说："我可是卫玠的铁杆粉丝啊！这么帅的一个人儿，居然就这样被看杀了，你说，我能不伤心，能不落泪吗？"

卫玠的影响力，还不止于此。又过了十几二十年之后，东晋丞相王导亲自下达命令，给他进行改葬，他说："卫君乃是风流名士，声名威震四海，他当年葬得仓促，不足以彰显他的身份，所以我们现在要找个风水宝地再葬他一次，每月初一、十五去他那儿上炷香，这才是对风流名士最基本的尊重啊！"

帅哥已死，而传说仍在继续。

话说除了卫玠之外，与他同时代的还有一位帅哥，名叫杜乂。

《晋书·外戚传》里面说杜乂"性纯和，美姿容，有盛名于江左"，也是个响当当的大帅哥。书圣王羲之曾见过杜乂一面，当场就被他的帅气震惊得无法动弹了，还给他下了十三字的评语："面如凝脂，眼如点漆，此神仙中人！"

其实，王羲之这句话也反映了晋朝时期人们普遍的审美观，阳刚型的肌肉猛男并不流行，阴柔型的花样美男才受欢迎。

卫玠和杜乂都是花样美男，又生活于同一时代，难免会被别人拿来比较。且说卫玠被改葬之后，有一回，江湖上召开了一场品评大会，对一些知名人士进行评头论足，当时有人谈到卫玠和杜乂，说："杜乂跟卫玠有的一拼吗？"

有个名叫谢尚的人回答道："拼个屁！杜乂有什么资格跟卫玠相提并论啊？这两个人实在是差得太远了，简直就是天壤之别啊！"

又有一个名叫谢悛的人说："杜乂的帅，只是一种肤浅的帅，卫玠的帅，那是形神俱帅，根本就不是在同一水平线上的嘛！"

对于卫玠而言，"一个'帅'字贯穿一生"，大概就是对他人生经历的最好写照了吧。

裴楷：万众瞩目就是我

上一篇故事我们讲到卫玠，史书里说他小时候乘羊车出门，"见者皆以为玉人，观之者倾都"。

今天我要说的这位帅哥，他也是"玉"字辈的，卫玠是"玉人"，而他则外号"玉山"。

裴楷，字叔则，其父亲裴徽乃是魏国的冀州刺史。此人年方弱冠之时，便已颇具声名。

对于三国历史比较有了解的同学，应该都知道魏国有一人名叫钟会，此人与邓艾一起，联手踏平了蜀国，把后主刘禅给绑了。钟会比较看好裴楷，于是就把裴楷推荐给了当时魏国的实际掌权者司马昭，让他做了官。

青春年少意气风发的裴楷，在官场中如鱼得水，几经调动之后，他成了朝廷里一位高官贾充的副手，协助贾充来制定晋朝的法律和政令。

这些法律条文制定好之后，要在文武百官面前宣读，由大家一起来讨论决定这些律令可不可行。那么，谁来宣读好呢？

司马昭把这个任务交给了裴楷。

大家知道，法律条文都是比较严肃的，严肃的东西听起来通常比较没有趣味，没有趣味就会让人昏昏欲睡。比如，一个人可以津津有味地听别人讲笑话，这是正常的，但如果他能津津有味地听领导开会讲话，那可就非同寻常了。

这一次，司马昭召开工作会议，让裴楷去宣读法律条文，大伙儿都已经做好了打瞌睡的准备，随时准备去跟周公约会。

这一次会议的主角裴楷，自然也要做好相应的准备，他的目标是，让听众绝不打瞌睡。他看着那些枯燥的法律条文，在私底下一遍又一遍地诵读，力求把每一个发音每一句语调都做到尽善尽美，无懈可击。

会议召开的那一天，裴楷沐浴更衣冠盖华服，将自己的状态调整到最佳，然后带着他的法律条文，昂首阔步地走进了殿堂之中。一双双眼睛齐刷刷地望向裴楷，每个人都很好奇他今天究竟会有怎么样的表现。

面对众人的目光，裴楷并没有丝毫紧张，他从容不迫，在这大庭广众之下，轻启双唇慨然作声，那些原本是乏味无趣死水一潭的文字，从他的口中说出，竟好像被赋予了生命一般，变得生动有致灵气十足。

如此出色的表现，令在座诸人为之侧目，他们看着裴楷，仿佛感觉他并不是在读法律条文，而是一个诗人在吟咏最壮丽的诗篇，一个歌手在展现最美妙的歌喉，一个多情的男子在向他的爱侣倾诉最深情的话语。

遥想当年，孔夫子听人唱歌，曰：余音绕梁，三月不知肉味。

今时今日，大伙儿暗自感叹，曰：裴楷演讲，令人不打瞌睡。

史书里说裴楷演讲的时候，"听者忘倦"，让人像打了鸡血一样，越听越有精神。由此可见裴楷的口才之佳。

当然了，我们故事的主旨是讲帅哥，光是口才好，那自然是不行的。那么，裴楷到底长得有多帅呢？

史书里用了八个字来形容他的长相：风神高迈，容仪俊爽。在这八个字后面，还有八个字：博涉群书，特精理义。

地球上有这么一种人，能够让你真正体会到什么叫作人比人气死人：长得比你帅，成绩比你高，才艺比你多，家境比你好，无论从哪方面来说，都能完爆你百十条街。

我们的主角裴楷，就是属于这种类型的人。长得帅、口才好、学问高，年轻有为前途无量，你说，这样的帅哥去哪里找？对于广大的男性同胞来说，裴楷或许会招来他们的羡慕嫉妒恨，但是对广大的女性同胞来说，裴楷绝对是她们的梦中情人！真不知是哪家的姑娘竟能跟裴楷结为伴侣，实在是羡煞旁人，羡煞旁人！

一时之间，裴楷声名大振，大伙儿都说他是个"玉人"，不久之后又出现了一个升级版，说"靠近裴楷就好像靠近了一座玉山，光芒映照，闪闪惹人爱"。总之，但凡是亲眼见过裴楷的，没有一个不是被他的帅气所惊呆的。

裴楷在朝廷里工作了几年，后来，他原先的老板司马昭死了。司马昭死后，他的儿子司马炎接了他的班，然后创立晋朝，正式称帝，是为晋武帝。

晋武帝登基之后，找人去占卜算命，想要知道晋朝究竟能延续多少世。假如能算出个千秋万世来，那自然是最好的，只可惜晋武帝的运气太差，最后得出来的数字，居然是一。

一世，也就是说过了晋武帝这一世之后，晋朝就这么玩完了，得要改朝换代了，换别人来做皇帝了。遥想当年，秦始皇他老人家也做着大秦朝千秋万世的美梦，结果这才到了二世，秦朝就崩盘了，变成汉高祖刘邦一统江湖了。

看着占卜的结果，晋武帝的脸色顿时就晴转多云，然后局部地区有山洪、暴雨、台风、龙卷风了。大臣们看见晋武帝的脸色这么难看，他们一个个也被吓呆了，全都不敢说话，生怕一不小心就惹得晋武帝龙颜大怒，让他们好看。

关键时刻，我们的裴楷裴大帅哥出马了。他整理好自己的衣冠，走到大殿中央，在万众瞩目之下，没有丝毫怯场，和声静气从容淡定地对晋武帝说："陛下，请听臣一言。臣平日里时常诵读《老子》一书，也读过后世对这本书的批注，其中有一句话，是这样说的，'天得一以清，地得一以宁，王侯得一以为天下贞'。如此说来，陛下这次占卜，得了个一，岂不是说明天地清宁，万世太平？此乃大喜之兆，天佑大晋啊！"

裴楷此话一出，在座众人顿时无不叹服：真不愧是个大才子，说话的水平就是不一样，值得表扬，值得表扬！

晋武帝听了，脸色也由阴转晴，他乐不可支地说："裴爱卿，你说得太好了，这确实是个大喜之兆！哈哈，哈哈！"

剩下的那群大臣见晋武帝开心了，赶紧见风使舵，异口同声地拍起了马屁："吾皇万岁万岁万万岁！"

在众人的一片叫好声之中，晋武帝的脸上笑开了花，原本有些郁闷的心情，被一扫而光，全身舒爽。

裴楷的这一番话，奠定了他以后的仕途一帆风顺的基础，从此平步青云，扶摇直上，成了皇帝跟前的大红人。

晋武帝生气之时，这满朝文武，谁人不想挺身而出，说上几句好听的话，让皇帝转怒为喜？只可惜他们水平不够，担心自己一个不小心拍马屁拍到马腿上，反而火上浇油，造成负面效果，所以才不敢吱声。唯有裴楷凭着自己多年来的知识积累，引经据典侃侃而谈，这才把皇帝给哄开心了。

老师常常教育我们，要好好学习天天向上，其实这句话一点都不假啊。归根结底，只有多读书读好书才能提升一个人的水平，到了关键时刻，才不会掉链子。

虽然玉山裴楷深受人们的喜爱，但是我们要知道，没有人能取悦所有人，再完美的人也会有人不喜欢，这也是很正常的。

话说晋朝有一位大富豪，名叫石崇，他跟裴楷性格不合，两人之间素无往来。有一回，石崇和长水校尉孙季舒在一起喝酒吃肉，孙季舒喝高了，就发起了酒疯，嘴里胡言乱语了一通，石崇听了心中十分不爽，当场就跟孙季舒翻了脸，事后还想上表一封，请求晋武帝将孙季舒罢免。

裴楷听说了这事儿，不由得暗暗摇头，于是就去找石崇，对他说："石老弟啊，你这种做法，可实在是太不地道了。"

石崇瞪了一眼裴楷，说："我怎么就不地道了？孙季舒这家伙竟敢在我面前发酒疯乱讲话，一点儿规矩都没有，我不给他点儿颜色瞧瞧，岂不是很没面子？"

"石老弟啊，你这么说可就不对了。"裴楷和颜悦色、语重心长地说，"酒这种东西，喝多了本来就会让人神经错乱意识糊涂，明明是你请别人喝酒，却要责怪人家发酒疯，埋怨他不守规矩，这是什么道理？假如哪天我请你喝毒药，结果你喝死了，是不是我也可以责怪你生命力不顽强呢？"

"你……"裴楷这话一下子让石崇给噎住了，他几次想要开口反驳，却不知该怎么说才好，最后只能拍了拍大腿，又指了指裴楷，说，"行行行，你有道理，你有道理！这事儿我不追究了，总可以了吧？"

"呵呵呵呵……"裴楷看着石崇远去的背影，不禁微笑起来。

作为一个朝廷高官，裴楷平日里能够捞到的小钱是不少的。撇开正常的收入不谈，他有多种渠道可以让自己的腰包鼓起来。比如，他去那些达官贵人家里做客，看见了什么宝贝，就会毫不掩饰地说："哥们儿，你把这个啥和那个啥送给我吧，怎么样？"

裴楷亲自开口要，别人自然不好意思不给，免得落下了小气的名声，坏了跟裴楷的交情。就算肉痛，也只能勉为其难地给了。

猜一猜，裴楷拿了别人的东西之后，会用来干啥呢？

拿来自己用？或者放在家里当摆设？或者兑换成现金？不不不，都不对。

他拿去送人了。不管是名车宝马，还是华服玉器，在他手上都很难留过夜，他可能前脚刚从某人的豪宅里出来，后脚就直接跑到贫民窟里去了，好像是个散财童子一样，把这些东西一股脑儿地丢给穷人，然后直接走人。

裴楷总是习惯性地拿别人的钱来送人，有时候甚至拿自己的钱来送人也不要紧。有一回，他买下了一栋房子，装修好了之后准备入住，结果他的堂兄裴衍瞧见了，对这房子实在是喜欢得不行，一边在屋里参观，一边发出感叹："啧啧，好房子，好房子！瞧这地段，瞧这装修，瞧这设计！我怎么就没有这么好的房子呢？"

"你想要？"裴楷冷不丁地问了一句。

"是有那么一点儿。"裴衍倒也不掩饰什么。

"那行，送你了。"

然后裴楷把房契、地契交到裴衍手上，一毛钱不收，就把房子给转让了。

裴楷跟自己的亲人不计较，但是对外人还是要计较一些的。朝廷里面的梁王和赵王，乃是皇室贵胄，豪阔无比，于是裴楷就去拜访这两位王爷，要他们每人每年出一百万钱，来接济自己的亲戚。

两位王爷看着裴楷亲自上门劫富济贫，虽然不想给却又不好意思不给，结果还是得给。

裴楷到处打秋风，自己脸皮够厚，没觉得不好意思，可是那些被他打秋风的人心里面可有意见了,我的钱凭什么给你呀,你这不是抢劫吗?做人可不能这样啊!

有些人实在受不了了,就对裴楷进行嘲讽,说你实在是不厚道。对于别人的嘲讽,裴楷总是显得十分淡定,完全不会被吸引仇恨,而是振振有词地说:"你读过《老子》吗?'天之道,损有余而补不足',这句话听过没有?我这是替天行道啊,明白吗?"

这话说得,倒好像裴楷不是朝廷命官,而是梁山好汉了。

生性率直的裴楷,就是这样率性而为地过日子的,任你夸我也好,骂我也罢,反正我就是这么一个人,拿了你的鞋,来走我的路,让你另外买一双鞋再走。

裴楷的个性已经够率直的了,但有一个人的性子,居然比他还率直——这个人就是"竹林七贤"之一的阮籍。

有一天,阮籍正在跟别人下棋,忽然听见有个人跑过来说他妈死了。跟他下棋的那人一听,就说咱们还是别下了吧,你快回家打理后事去。阮籍不肯,他说天塌下来也得先把这盘棋下完了再说,别的事情先不管。

那人没办法,只能跟阮籍继续下棋。下完棋之后,阮籍跑回家去,灌了好几瓶酒,然后仰天大叫一声,直接吐出几口血来。等到他老妈下葬之时,他继续大口吃肉大口喝酒,再次大叫,再次吐血。

裴楷跑去参加阮籍母亲的追悼会,看见阮籍披头散发,张开双腿瘫坐在地上,见了裴楷也不跟他打声招呼,只是用一双蒙眬醉眼直视着他。

阮籍不跟裴楷说话,裴楷也就不好跟人家凑什么热乎,就在灵位面前哭了一阵,然后就走了。

走了以后,有人问裴楷:"开追悼会应该是主人号啕大哭,客人小声安慰才对呀!怎么这次阮籍没哭,你反而却哭了?这不符合逻辑啊!"

裴楷说:"阮籍是个方外之士,怎么能跟他讲逻辑呢?他要做什么,那就随他吧,而我毕竟只是个俗人,跟他没法比,所以有些规矩我还是得守的,该哭的时候还是要哭的。"

率性而为的裴楷,跟阮籍一比,竟也显得像是个守规矩的人了!世俗之人,果真是不能跟方外之士相提并论的啊!

当然了,人都是复杂的,都是有两面性的,在不同的情况下会展现出不同的自我,裴楷平时就算是再怎么率直,有时候也还要讲点儿委婉的。

比如,有这么一回,晋武帝问裴楷:"我当皇帝也有一阵子了,天底下的那些老百姓,对我评价如何呢?是夸我的多呢,还是骂我的多呢?"

裴楷自然不可能说晋武帝挨骂比较多,但他也不能昧着良心说晋武帝人见人爱,于是就比较委婉地说道:"陛下受命于天,威震四海,这当然是非常好的。但是,陛下好虽好,却还是没能比得上尧舜之类的明君,这都是因为朝廷里还有贾充之类的奸佞之徒在作祟啊。陛下若是真的想功盖三皇德比五帝,就应该远离奸佞,亲近贤人,才能弘扬正道留下美名啊!"

裴楷当年初入江湖之时,曾给贾充打过下手,照理说,本该是有一点儿友谊的。但是,贾充这家伙的良心实在是太坏了,裴楷虽然不敢说自己道德有多高尚,但至少也坏不到哪去,对于贾充的所作所为,裴楷实在是看不惯,所以只能跟他保持界限,敬而远之。

这一次,既然晋武帝随口问起,难得有机会打击一下贾充,裴楷自然不会放过这个机会,所以才给晋武帝提出了这么一个建议。

除了裴楷之外,朝廷里还有很多清流人士对贾充意见很大,他们曾多次向晋武帝进言,想要把贾充调离京城,免得他带坏了皇帝。

晋武帝听了这么多人的意见,也不好置之不理,于是就决定派贾充去边疆打仗,做关中都督。

贾充这人浑水摸鱼的本事很厉害,如果叫他真刀真枪硬上,那可就不行了。如果真让他做了关中都督,那他肯定会因为屡战屡败,被撤职回家耕田种菜。没办法,他只能去找他的党羽,跟他们商量对策,商量来商量去,终于被他们想到了一个办法——跟晋武帝结亲。

后来,贾充就上下活动一番,成功地把自己的大女儿贾南风嫁给了当时的太子司马衷。结亲之后,晋武帝自然不能让自己的亲家就这么走了,于是贾充就留下来了。

就这样,裴楷的计策失败了。

人生总不能万事顺利,对于这一次的失败,裴楷并不记挂在心,依然像平常那样安然处世,宠辱不惊。

280年,晋武帝终于征服吴国,彻底结束了三国时代。统一中国之后,晋武帝也开始研究起了治国之道,时常召集一群高级知识分子来讨论天下的得失兴亡,想要从以前的历史当中获取一些经验。

在这些研讨会中,时常能出现裴楷的身影,他能从三皇五帝开始,洋洋洒洒一直说到汉魏兴衰,对于众多历史事件的评价,颇有独到之处。他的学识之渊博,才华之横溢,令晋武帝对他大为赞赏,在座的其余诸人,也无不叹服。

岁月匆匆。晋武帝统一中国这一年,裴楷已经四十四岁了,当年的风华正茂好儿郎,化作了今日的成熟内敛中年男。

在这悠长的岁月中,裴楷一共生了五个儿子,其中,他二儿子的名字叫作裴瓒,娶了杨骏的女儿为妻。

现在,让我来给大家简单介绍一下杨骏这个人。他是晋武帝的第二任皇后杨芷的父亲,作为当朝国丈,在朝中势力极大。此人刚愎自用,野心很大但是智商很低,晋武帝死后,他依靠国丈的身份,曾经执掌过一段时间的朝政大权，但很快就被人送上了西天。

对于杨骏的为人，裴楷一向是很看不惯的，他觉得这家伙纯粹是个暴发户，一点儿文化底蕴都没有，就算再怎么有权有势，也始终洗不掉满身的土气。更何况，杨骏也不是凭本事吃饭的，只不过是靠着自己的女儿是皇后的关系，才有了今天的地位。

平心而论，裴楷可不想跟杨骏有什么往来，只不过政治婚姻这种事往往身不由己，所以裴楷就算是对杨骏有再大的意见，也无法阻止自己和杨骏成为亲家。

290年，晋武帝驾鹤西去，由于他的儿子司马衷无能，所以杨骏就趁机执掌大权，倒也威风了一阵子。只可惜好景不长，他很快就被人搞死了。

杨骏死了不要紧，但裴楷作为他的亲家，这下子可就得被他牵连了。

受到了牵连的裴楷，被抓到了牢里，随时有生命危险。

面对死亡的威胁，裴楷保留了知识分子最后的尊严，他没有卑躬屈膝下跪求饶，也没有被吓得浑身瘫软屁滚尿流，而是毫无惧色，笑对生死。他神情自若，叫别人给他拿来纸和笔，从容不迫地在上面写下了自己的最后遗言，把想说的话，要交代的事情，全都诉诸笔端。

写完之后，裴楷淡然一笑，然后把纸笔收好，便安静地坐在牢房的角落里，闭上双眼，一动不动，仿若是老僧入定一般。

这一生，他爱过，恨过，努力过，奋斗过，曾是万众瞩目的焦点，也曾遭过别人的白眼，多少年华多少岁月，只不过是弹指一瞬间，生老病死青丝白头，又有谁能逃得开避得了？

世事浮云，白驹过隙，还有什么想不开，看不淡？百年之后，任你王侯将相，盖世英雄，终究也只不过是尘土而已。像一团闪耀的火花，燃烧自己照亮天空，向这个世界证明自己曾经存在，辉煌之后归于沉寂，这便也足够了。

这一生，便让我就此终结吧！我不怕死，我只怕庸庸碌碌无所作为而死，既然我已经一展雄才名震当世，也算是不负平生所学，那么即便是死，我也再无遗憾了！

在这牢狱之中，裴楷思绪纷纷，一生之中许多往事在脑海浮现，他时而笑，时而哭，略带着几许惆怅不安，又有些悔恨嗟叹，但是到了最后，这一切的一切再度重归淡然，再也掀不起一丝波澜。

来就来吧！我等着。

裴楷的内心之中，一片空灵。

许久，许久。

忽然，裴楷听见了外面传来的一阵脚步声，以及牢房的开锁声。

终于要来了吗？裴楷睁开双眼，看着面前的人。

"你走吧！"那人打开房门，对裴楷说。

"走？要走到何处去？"裴楷问道。

"回家去。"

短短的几个字，但裴楷听在耳里，却仿佛天上仙音，无比悦耳。惊喜之余，他心中又带着几分疑惑，说："回家？为何我可免死罪？"

那人说："是你的老友傅祇想方设法救了你！你该谢谢他。不过你死罪可免，活罪难逃，从此以后你就要被贬为庶民，不能再做官啦。"

"原来如此。"

裴楷恍然大悟，他走出监狱，久违的阳光洒在他身上，让他觉得前所未有的温暖。不管他再怎么视死如归，但是这美好的世界，毕竟还是值得他留恋的啊！既然死不了，那就好好活下去吧。

裴楷就这样一步，一步，慢慢地，慢慢地，走回家去了。

且说这杨骏被诛杀之后，代替他职位的，是两个人。一个名叫卫瓘，是卫玠卫大帅哥的爷爷；另一个叫作汝南王司马亮，是司马炎的四叔。

当初司马炎临死之前，本来是打算让司马亮和杨骏一起辅政的，只不过由于杨骏篡改遗诏，所以才被他独揽了大权。如今司马亮得以掌权，也算是物归原主。

卫瓘和司马亮这两个老头子，对裴楷的印象都很好，他们觉得裴楷忠贞正直，不阿附权势，虽然跟杨骏是亲家，却一直保持距离，这是非常难得的。于是他们就决定封裴楷为临海侯，另外，让他兼任北军中候和散骑常侍。

卫瓘和司马亮把裴楷封为临海侯，这是没什么问题的。但是，北军中候和散骑常侍这两个职位，可不是随随便便能担任了。为什么呢？因为这触动到了楚王司马玮的利益。

楚王司马玮，乃是司马炎的第五子，此人年轻气盛，极易冲动。在诛杀杨骏的计划中，司马亮畏惧杨骏的势力，不敢出手，若不是司马玮参与了这场行动，恐怕鹿死谁手犹未可知。

司马玮冒着掉脑袋的风险，辛辛苦苦办事，结果事情办妥了以后，他自己却没能拿到什么好处，反而是一直在旁边围观看戏的司马亮和卫瓘，轻轻松松就顶替了杨骏的位置，你说他怎么能忍？

司马玮本来就已经很不爽了，结果现在倒好，竟然连裴楷也冒出来跟他抢饭碗了！你们这群死老头子，真以为小爷我好欺负！

司马玮恨得咬牙切齿，随时有可能发作，裴楷听说了之后，哪里还敢去做什么北军中候、散骑常侍？只能去向朝廷汇报情况，说自己老了不中用了，有什么工作机会还是留给年轻人吧。

于是朝廷就另外给裴楷安排了一份工作，让他去做了尚书。

裴楷做了尚书之后，还是没有丝毫的安全感。这是为什么呢？

因为他跟司马亮和卫瓘都是亲家。他的长子裴舆娶了司马亮的女儿，他的女儿嫁给了卫瓘的儿子——我很好奇这个女儿是不是卫玠他妈，只可惜翻过史书之后，并没有这方面的具体记载，因此，这个问题也就不得其解了。

想当初，杨骏是裴楷的亲家，是朝廷的辅政大臣，结果他死了以后，裴楷受到连累，差点儿死掉。现在，又轮到裴楷的另外两位亲家来做辅政大臣了，假如这两个老家伙也被人整死了，裴楷岂不是还得再被连累一次？上次出事的时候有人救，可是谁又敢肯定，下次出事的时候同样有人救呢？

裴楷并不认为自己的运气会有这么好，能够躲过一次又一次的灾难。多年来在官场挣扎打拼，让他养成了极强的警觉意识，他敏锐地察觉到，现在的局势并不稳定，随时有可能再一次爆发政变，进行官场大洗牌。

此时此刻的京城，已非久留之地，必须火速离开，方能有一线生机！

经过一番考虑之后，裴楷决定，向朝廷申请调离京城，去做安南将军、荆州都督。

这种做法有两个好处，一是他离开京城之后，就算那里再怎么动荡，也不关他的事；二是就算有人要牵扯到他了，他手里毕竟还有兵权，大不了到时候来个抗命不从，朝廷里那帮人也不能拿他怎样。

这几乎是一个完美的主意，但可惜的是，他的动作还是慢了一步。

就在裴楷得到了朝廷的批复，刚刚准备卷铺盖走人的时候，楚王司马玮为了夺权，终于对司马亮和卫瓘动手了。那一夜，杀得血流成河，裴楷的两位亲家都没能幸免于难，也就是在那一夜，卫玠和他的哥哥卫璪也差点儿没命，幸亏兄弟俩吉人天相，才逃过一劫。

那一夜，可谓是险之又险，裴楷一听说有事情发生之后，马上意识到自己极有可能也是司马玮的目标之一；那一夜，裴楷和司马玮玩起了捉迷藏，他连续换了八个地方藏身，这才得以逃脱，没有被司马玮干掉。

官，不是这么好做的；官场，不是这么好混的。一不小心，就有可能死。

天亮之后，裴楷依旧躲在暗处，不敢出门。这一整夜，他都未曾合眼，身体早已疲倦至极，然而他紧绷的神经哪里敢就此放松？若是他现在躺下来休息了，结果被司马玮找到了他的藏身之处，该怎么办？

所以裴楷只能保持警惕，留意着外界的情况。在这无尽的煎熬之中，时间一点一点地过去，就在裴楷觉得自己的身体快要承受不住的时候，他听到了一个消息。

一个对他来说非常好的消息。

楚王司马玮，死了。是被皇后贾南风杀的。从他开始发动政变到现在，甚至还不足24小时。

螳螂捕蝉，黄雀在后。自从晋武帝司马炎死后，由于新皇帝司马衷无能，所以各路诸侯纷纷展开夺权行动，从杨骏到司马亮、卫瓘，再到司马玮，你杀我来我杀你，一个个都指望着自己能呼风唤雨大权独断，偏偏却把贾南风给忽视了。

贾南风可不是那种毫无存在感的路人甲，事实上，她对权力的渴望，绝不弱于斗争中的任何一方。在这几次政变中，她都有参与在内，并且一步一步地趁机扩张自己的势力。到如今，她已经能够正面迎战司马玮，而不必畏惧会被他反咬一口了。

贾南风杀死司马玮之后，终于轮到她来执掌大权了。手里面有权固然是一件很舒服的事，但问题是权力越大，责任也就越大，要管的事情也就越多。

然而贾南风比较喜欢偷懒，她只想享受权力，却不愿承担责任，对于国家大事，她一点兴趣都没有。她生平最大的兴趣爱好，就是玩弄男人，而且玩过之后就杀掉，完全是把男人当成了耗材来使用。

贾南风玩过多少男人，她就杀过多少男人，唯独有一位幸运儿，非但没有被贾南风干掉，反而得了她许多好处，拿了许多金银珠宝。这位幸运儿之所以这么幸运，是因为他长得够帅，把贾南风侍候得舒舒服服妥妥帖帖，贾南风实在是舍不得让这么一位帅哥就此人间蒸发，所以才放了他一马。

或许，这就是长得帅的好处吧。

这贾南风整天忙着胡搞，哪里有时间去管国家大事？所以她必须把一部分权力分给别人，让他们来帮自己管事。

在贾南风开出的名单之中，裴楷也赫然在内，他被任命为中书令，跟其他几位大臣一起来治理朝政。

说起来，裴楷这家伙也算是个官场不倒翁了，司马炎在的时候，他挺受信任；杨骏辅政的时候，也给他几分面子；卫瓘和司马亮掌权了，他也混得挺好；现在轮到贾南风上台了，他居然还能继续当他的大官。从头到尾发生了这么多次官场大地震，他始终屹立不倒，实在是让人不得不服啊。

既有运气又有实力，裴楷就是这么帅气！

可惜的是，再帅气的人，也还是会老，还是会生病的。历史的年轮已经走向了291年，这一年，裴楷已经五十五岁了。

像很多中老年人一样，裴楷也一直备受糖尿病的困扰。病痛的折磨再加上官场的倾轧，已经使得他身心俱疲，再也无力去应对繁杂纷扰的政事。

裴楷的岳父王浑，对于裴楷现在的状态是非常清楚的，于是王浑就上

表一封，说裴楷得了一上班就会死的病，实在是没有办法再去管那么多事情了，恳请贾南风批准裴楷退休回家，安享晚年。

申请表交上去之后，贾南风很快就做了批复：不同意。非但不同意，还进一步让裴楷加官晋爵，封他为光禄大夫、开府仪同三司。

这下子，裴楷可真的是要垮掉了。本来他身体就不好，前些日子又被司马玮到处追杀，现在又轮到贾南风非得让他工作、上班，就算是铁打的身子，也扛不住这压力山大呀！

结果裴楷真的得了一上班就会死的病，躺在床上奄奄一息了，随时都有可能死翘翘了。

裴楷病危之时，贾南风派黄门郎王衍去探视病情，裴楷默然凝视王衍许久，只说了四个字："竟未相识。"

如何竟未相识呢？裴楷和王衍同朝为官，皆是风流名士，怎能不相见，怎能不相识？

然而今时今日的裴楷，又如何能与王衍相识！有道是：纵使相逢应不识，尘满面，鬓如霜！

当年那一个风神高迈容仪俊爽的玉人，如今却是两鬓斑白垂垂老矣，风流既已成往事，何须再重提！自此以后，这红尘俗世之中，便再无玉山裴楷！

潘安：传说中的史上第一帅哥

上一篇我们说到玉山裴楷，现在，让我们再来看一下跟他同时代的另一位帅哥的故事。

在故事开始之前，我想请大家先沉思三十秒，来回答一个问题：在中国历史上，你所最熟悉的一位帅哥，叫什么名字？

我想很多人都会说起这么一个名字：潘安。

潘安到底有多帅？谁也没亲眼见过。但是无论如何，他的知名度在古代帅哥当中都是绝对的第一。在中国，他已经变成了帅哥的代名词，人们在形容一个男子长得很帅的时候，往往都会在第一时间想到一个成语——"貌若潘安"。

那么，潘安到底何许人也？生平有何故事？

关于潘安这个名字，我们首先要看杜甫的一首诗。这首诗是这么写的：

花底

紫萼扶千蕊，黄须照万花。忽疑行暮雨，何事入朝霞。

恐是潘安县，堪留卫玠车。深知好颜色，莫作委泥沙。

其中，"恐是潘安县，堪留卫玠车"这句话，便是"潘安"这个名字的最早来源。诗中所提到的另一个名字，卫玠，我们已经在之前的故事里看到过了，这里就不再多提了。

杜甫在诗中所说的潘安，其实就是西晋时期的著名文学家，潘岳。

《晋书·列传第二十五》有云：潘岳，字安仁，（河南）荥阳中牟人也。

潘岳出身官宦世家，他爹和他爷爷都在朝廷里面做官，所以他从小就过着养尊处优的幸福生活。

虽然潘岳并不叫潘安，但考虑到"潘安"这个名号实在太过响亮，所以我们不妨还是叫他潘安吧。

少年时代的潘安，时常坐车出门玩耍，由于他长得实在是太好看了，所以，每当走在路上的女同胞们看见潘安招摇过市的时候，都会不由自主地发出尖叫，冲上去跟偶像握手拥抱要签名，完了以后还往他车上放一些水果，以表示对他的爱意。

就这样，潘安每次出门都满载而归，后人根据他的事迹，还总结了一个成语：掷果盈车。

相对于出尽风头的潘安而言，有些人的日子就没那么好过了。

有一人，名叫张载，此人虽然颇有文采，却无奈老天爷不长眼，让他生得面目可憎极其丑陋，所以他每次出门的时候，都会有一群小孩子高喊着"丑八怪，真变态"，然后用砖头瓦片来砸他。听说他后来因祸得福，靠着这些砖头瓦片盖起了一栋大楼，解决了住房问题，也不知这个传闻是真是假。

又有一人，名叫左思，此人的文采也十分了得，他曾写过一篇《三都赋》，在当时引起轰动，史书里说"豪贵之家，竞相传写，洛阳为之纸贵"，乃是"洛阳纸贵"这句成语的典故来源。左思对潘安的待遇十分羡慕，也想着有样学样，享受一下当偶像的感觉，只可惜他的长相跟张载有的一拼，所以他出门的时候遭到了女同胞的集体鄙视，大伙儿一起朝他吐口水，以此表示唾弃。听说后来他死了，是被口水淹死的，也不知这个传闻是真是假。

跟这两位仁兄一比，潘安的优势就体现出来了。他不但长得帅，而且还是一个大才子，从小就声名远播，江湖上人送外号"奇童"，以表达对他滔滔不绝的敬仰。

奇童潘安十二岁那年，遇见了他老爸的朋友，荆州刺史杨肇。两人见面之后，杨肇对潘安赞叹不已，像这样的一位奇童，又长得这般俊俏，长大之后一定是个祸国殃民级别的帅哥，与其让他以后伤遍万千少女心，不如就让自己的女儿牺牲一点儿，现在就把他收了吧。

于是，杨肇就对潘安他爹潘芘说："老友啊，我想代表我女儿收了你儿子，好好管着他，免得他以后为祸人间，四处招引狂蜂浪蝶，种下桃花劫！"

潘芘哈哈大笑，说："既然如此，那咱们以后就变成亲家了！乖儿子，快叫岳父大人好！"

"岳父大人好！"潘安毕恭毕敬地说。

"好，好！"杨肇收了这么一个乖女婿，心情十分愉快，他摸摸潘安的头，说，"以后我女儿嫁到你家，你可要好好对她啊！"

"那是自然的。"潘安说。

潘安长大之后，靠着家中的关系，理所当然地进入了官场。当时，中国正处于晋武帝司马炎统治的时代，在268年正月初九那一天，司马炎为了鼓励农民好好种田天天收菜，特意带着一大票人马，到田里耕作了一番。

司马炎耕完田回宫之后，当时二十二岁的潘安决定拍一下司马炎的马屁，于是即兴挥毫，写赋一首，辞藻华丽，堪称完美，司马炎看了之后龙颜大悦，对他的才华十分赞赏。

得到皇帝的赞赏，本来是一件好事。但问题是，官场并不是皇帝一个人的官场，同时也是文武百官的官场，皇帝看好他，不等于文武百官也看好他，这完全是两回事。

潘安才华横溢，锋芒毕露，反而犯了大忌，被众多同僚所嫉妒、排挤，他们合起伙来打压潘安，导致潘安连续十年原地踏步，完全没有升迁机会。

人生能有多少个十年？潘安领着不多不少的薪水，过着不咸不淡的生活，大好青春就这样被白白浪费掉，你说，他心里该有多憋屈？

年轻时的凌云壮志万丈豪情，被残酷的现实消磨得一干二净，如今的潘安，即便勉强还算作是"青年"，他也只是一个愤青，一个怀才不遇郁郁不得志的愤青。

三十二岁的愤青潘安，被朝廷调离京城，派去做河阳县令，从此以后开始了他的县城生活。

当时的河阳县城是个什么地方？是个鸟不生蛋的鬼地方。这些年来，潘安一直住在繁华的京城洛阳，各方面的生活条件都很好，结果现在从京城来到县城，这两者之间的落差之大，简直无法用语言来形容。

遭受到这种待遇，潘安憋了一肚子火，在无数个寂静的夜晚，潘大帅哥大声嘶吼仰天咆哮："有才长得帅难道是我的错吗？为何你们一个个都嫉妒我？不会写书你们可以去抄袭可以去找枪手啊，长得太丑你们可以去化妆可以去整容啊，干吗要针对我啊？看我长得帅就觉得我好欺负啊？要不是我打不过你们，我早就跟你们翻脸了！什么世道啊！真是气煞我也！"

愤愤不平的潘安，怀着满腔的怨气，觉得什么都看不惯，而且，他尤其不爽那些才华并不超过他，却受到皇帝重用的人。在他讨厌的人当中，有三个人排在名单最前头，潘安对他们的仇恨也就最大，为此还特意写了一首诗来嘲讽他们："阁道东，有大牛。王济鞅，裴楷鞧，和峤刺促不得休。"

"靸"读作"央",是牛拉东西时架在脖子上的器具;"鞦"读作"秋",是拴在牛屁股上的皮带;"刺促",是形容一个人心急火燎做事匆忙的样子。这首诗的意思是嘲讽这三个家伙干啥啥不行,放牛第一名,像牛一样低级趣味,简直就是人类中的败类。

在这三个人当中,王济在卫玠的故事里出现过,他是个肌肉猛男型的帅哥;裴楷我们早已认识,他是上一个故事的主角,虽然不知道他的相貌和潘安相比,到底谁比较帅,但至少从才华方面来说,裴楷绝不会比潘安弱了,而且做人方面也比潘安要好很多,裴楷在官场中如鱼得水大受欢迎,而潘安只能受到排挤,两者相比,高下立判。

有些人整天怨天怨地,怨东怨西,仿佛社会欠他的,父母欠他的,全世界都欠他的。但是,抱怨别人容易,反省自己很难,只知道从外界环境找理由,而不会从自己身上找问题,这样的人一辈子都只能做个弱者,成不了真正的强者。

裴楷这个人身上没有什么可以指责的地方,所以潘安对他的抱怨有些近乎无理取闹。不过,潘安所抱怨的第三个人,和峤,身上倒是有蛮多缺点的。

和峤这个人有"钱癖",非常喜欢敛财,他在家里面放着很多钱。不过,很多时候,一个人越是有钱,他就越吝啬,和峤就是吝啬鬼的代表。

那么,和峤吝啬到了什么程度呢?

《世说新语》里面记载了一个故事,说和峤家里种着上好的李树,一天王济去问他要李子吃,和峤只给了他几十个李子,就这样把人家给打发了。

和峤这样做,可就实在是太不地道了。你想想,就算咱们这些普通老百姓,平时逢年过节送礼的时候,太廉价的东西也不好意思拿出手,更何况是那些官老爷？

和峤和王济都是朝廷高官，这种级别的官员，居然好意思拿几十个李子来敷衍人家，你说，这算什么事儿？

王济拿着和峤给他的几十个李子，心里又好气又好笑，真没想到居然有人吝啬到这种地步，简直是铁公鸡中的战斗机啊。

王济有心要戏耍一下和峤，于是就趁着有一天他不在家的时候，带着一群大胃王，拎着斧头去了和峤的李子园，把能吃的李子都给吃了，然后砍掉了这些李树，又把砍下来的树枝装在一辆车上，送到和峤面前，并且似笑非笑地问他："你觉得这跟你家的李树比起来怎么样？"

和峤看着自家的李树被砍成这样，虽然心疼，却也不好发作，只能勉强笑了笑，嘴里没说什么。

说完这个题外话，接下来继续说潘安的故事。

潘安在河阳做县令，留下的当然不只是一首怨言诗，据传，潘安经过一番科学考察之后，认为河阳这个地方适合种桃花，于是就号召广大百姓种起了桃花。

春天到了，桃花开了，桃花运也来了。阿哥阿妹在桃花丛中漫步，仿佛来到了传说中的桃花源，你牵着我，我牵着你，一起朝着美好的未来向前去。

后人庾信作《枯书赋》一首，赞曰：若非金谷满园树，即是河阳一县花。

其中，"河阳一县花"指的就是潘安的事迹。至于"金谷满园树"，说的则是和潘安同时代的巨富石崇所建造的金谷园。

在将来的日子里，潘安将会结交石崇，经常去到金谷园里吃喝玩乐，不过在此之前，他也还是只能老老实实地做着自己的河阳县令。

就在潘安刚刚被调到河阳去做县令的这一年，有一天，他忽然发觉自己头上有了很多白头发。一时之间，潘安悲不自胜，仿佛自己昨天还是人们口中所说的"奇童"，没想到自己这么快就变成沧桑无限的中年大叔了，时间真是一把杀猪刀啊！

潘安看着头上的白发，蓦然惊觉自己的人生已经过了一半，在这半生之中，他曾经无限风光，号称为"奇童"，受到广大女性同胞的亲切爱戴，想当年他风华正茂，文采飞扬，真不知要羡煞多少旁人！

只可惜木秀于林，风必摧之，他锋芒太盛，反倒招人嫉恨，以致自己仕途多舛，长达十年不得重用。再加上自己老婆早死，孩子早夭，种种打击使得本该是光辉璀璨的人生，竟变得暗淡无光了！

潘安感时伤怀，于是挥笔写下《秋兴赋》一首，心中唏嘘不已。

后来，潘安被朝廷调去做怀县县令，这里离京城更远，条件更差。潘安的日子虽然过得郁闷，但在工作上还是比较努力的，在他任职期间，倒也做出了不少政绩。

一晃眼，又过了许多年。等到潘安四十四岁的时候，这一年，晋武帝司马炎呜呼哀哉了，皇后杨芷的老爸杨骏趁着这个大好机会，大肆排除异己，从此独揽朝纲，为所欲为。

杨骏上台之后，原本郁郁而不得志的潘安，受到了他的重用，被他提拔为太傅主簿。这让潘安有种时来运转咸鱼翻生的感觉，仿佛看到了一片曙光，说不定以后的日子能够慢慢变好。只可惜，杨骏这个人的政治水平实在不怎么样，他并没能掌权多久，就被他的政敌给整死了。

杨骏这一死不要紧，可就害苦了潘安。潘安是被杨骏一手提拔上来的，可以被认为是杨骏的小弟，如今带头大哥杨骏死了，潘安这个做小弟的，岂不是要受到连累？

俗语有云，树倒猢狲散，墙倒众人推。杨骏死后，他手下的小弟们也跟着遭殃，通通都被抓了起来，全部诛杀三族，足足死掉了数千人之多。

原本，潘安应该出现在死亡名单中。但是，在这危急关头，他的救星出现了。

这个救星名叫公孙宏，以前是个穷光蛋，曾在河阳县生活过一段时间。那些年，潘安恰好担任河阳县令，他对公孙宏的才华极为赏识，时常和公孙宏一起谈论音律，研究文学，有什么好吃好喝的也会分给公孙宏一些，两人结下了深厚的情谊。

后来潘安被调去做怀县县令，公孙宏则另寻出路，成了楚王司马玮手下的长史。这个楚王司马玮，乃是诛杀杨骏的主谋之一，如今正掌握着生杀大权，潘安是死是活，其实也就是他一句话的事情。

为了拯救昔日好友，公孙宏立刻在司马玮面前给潘安说了许多好话，帮他撇清关系洗脱罪名，这才让潘安逃过一劫，顽强地活了下来。

不久之后，潘安被朝廷任命为长安令，并且随军西征，写下《西征赋》一首，记录下了一路上的所见所闻，人物山水，辞藻华丽悱恻动人，这首赋被收录在《潘岳文集》之中。

古人说"陆才如海，潘才如江"，"陆"是指陆机，"潘"是指潘安，两人生活于同一时代，都是名震一时的人物。我们中学课本里面有一篇课文，叫作《滕王阁序》，作者王勃在文章的末尾写道，"请洒潘江，各倾陆海云尔"，由此可见对其的推崇。

虽然潘安文采极好，但写作能力跟政治能力是两回事，二者不能画等号。潘安在文坛上固然备受推崇，但他在政坛的表现实在是不行。

多年来的宦海沉浮，让潘安的心态也发生了很大的变化。长得帅很了不起吗？帅又不能当饭吃。文采好很了不起吗？结果却只是让他一再受到嫉妒和排挤。更何况，随着年龄的增长，他的优势也在一点点地消耗殆尽，老了也就不帅了，老了也就没有人夸他的文采了。小学生写出大学生水平的文章，可以被称作是"奇童"，大学生写出大学生水平的文章，只能算普通，假如毕业出来工作这么多年了，还是当年的水平，那可就一点儿也不值得夸耀了。

四五十岁的潘安，已经不复当年的激情，现在的他，只不过是官场之中一个谨小慎微无足轻重的人而已。为了在官场里面吃得开，他开始变得阿谀奉承，趋炎附势，一切的原则和操守变得荡然无存。

当时，在朝廷之中执掌大权的，是"千古淫后"贾南风。贾南风的妹妹贾午，有个儿子叫贾谧，他在朝廷之中也有着极大的权势，甚至能跟太子司马遹分庭抗礼。

司马遹虽然是太子，却并不是皇后贾南风的儿子，他的老妈名叫谢玖，是个屠夫的女儿。贾南风自己生不出儿子，对司马遹自然十分讨厌，时刻想着要打击他，排挤他。至于贾谧，对于司马遹也有着极高的仇恨，因为他们都是年少轻狂的人，两人互相看对方不顺眼，一来二去，就产生了不少矛盾和摩擦，恨对方恨得直咬牙。

随着仇恨的日益积累，终于有一天，贾南风和贾谧对司马遹的怒气达到了满值，决定要对司马遹放大招了。

于是，贾南风就设计诓骗司马遹入宫，并将他灌醉，然后让他在蒙眬之中抄录了一篇文章。这一篇文章，出自潘安之手：

陛下宜自了；不自了，吾当入了之。中宫又宜速自了；不了，吾当手了之。并谢妃共要克期而两发，勿疑犹豫，致后患。茹毛饮血于三辰之下，皇天许当扫除患害，立道文为王，蒋为内主。愿成，当三

牲祠北君，大赦天下。要疏如律令。(《晋书·卷五十三·愍怀太子传》)

简单翻译一下这段话，意思大致是这样的：陛下最好自行了断；不自行了断，我就入宫将你了断。皇后也最好赶紧自行了断；不了断，我就亲手了断你。我和我的母亲谢妃约定好了日子，要一起动手，这事儿不能犹豫，免得导致后患。在日、月、星三辰之下，我茹毛饮血，诚心祷告，已得到皇天的许可，我定当扫除祸害，立我的长子司马道文为王，我的妻子蒋氏为皇后。我若得偿所愿，就杀猪、牛、羊三牲来烧香拜神，大赦天下。

太子抄录了这么一篇大逆不道的文章，这下子，他麻烦大了。后来，他就被废了，再后来，他被贾南风派人杀了。

在陷害太子的过程中，潘安也算是出了一大份力，因此，他得到了贾谧的赏识，对他甚为看重。在当时，贾谧手下一共有二十四位心腹走狗，江湖上人称"二十四友"，其中，潘安位居其首。

在"二十四友"当中，有一人名叫石崇，此人富可敌国，这些年来也不知搜刮了多少奇珍异宝、钱财货物。晋武帝司马炎的舅父王恺，对石崇十分不服，于是与石崇斗富：王恺用麦芽糖涮锅，石崇用蜡烛当柴烧；王恺用紫丝布做成四十里长的步障，石崇就用更好的布料做个五十里长的；王恺用花椒面当油漆来刷房子，石崇就用赤石脂做涂料。

王恺和石崇斗富，在当时引起很大反响，后来连晋武帝司马炎也知道了。由于王恺是自己的舅父，本着帮亲不帮理的原则，他曾多次出手帮助王恺。有一回，晋武帝给了王恺一棵二尺多高的珊瑚树，让王恺拿去向石崇炫耀，结果石崇三下五除二就把这珊瑚树给砸了个稀巴烂。

王恺本以为石崇是嫉妒自己有这棵珊瑚树，他一怒之下，刚想发作，石崇却叫人拿了好大一堆珊瑚树出来，其中三四尺高的就有六七株，至于像王恺那个二尺多高的，更是多得不得了。这下子，王恺彻底服气了，终于知道自己不是石崇的对手。

想想看，连皇帝亲自出手帮你，都斗不过他，这是什么概念？

什么叫作富可敌国？这就叫作富可敌国！

当然，做官做到富可敌国的程度，并不是一件值得夸耀的事情。我们知道，在同一时代，社会上的财富总量是固定的，分配到官员身上的越多，落到百姓身上的就越少。由此可见，当时的老百姓受剥削的程度，究竟有多么严重。

所以，石崇和王恺斗富的故事，在历史上固然有名，但留下的也只是骂名而已。

先前提到的一句诗，"若非金谷满园树，即是河阳一县花"，里面说的"金谷园"就是石崇名下的不动产。贾谧和他的二十四友时常在金谷园里吃肉喝酒，吟诗作乐，仿佛徜徉于天上人间，浑然不知今夕何夕。

石崇和潘安对贾谧十分谄媚，他们时常守候在贾谧的家门口附近，一见到贾谧的车子出来，马上就望尘而拜，极尽阿谀奉承溜须拍马之能事。

对于潘安的所作所为，他的老妈实在是看不惯，就屡次规劝过他，说："你呀你，做官做到这种地步也该知足啦，似你这般争名夺利，究竟何时才是尽头啊！"

潘母语重心长，然而潘安早已醉心名利，又岂能就此放手？久而久之，潘母见劝说无用，便也不再说了。

常言道：不听老人言，吃亏在眼前。潘安在名利场上越走越远，最后，竟走向了绝路。

话说潘安的老爸潘芘，当年在做琅琊内史的时候，曾经给潘安找了一个小小书童，名叫孙秀。孙秀这人生性狡黠，绝非善类，因此，潘安对他极为厌恶，曾多次拿鞭子来抽他，抽得他屁股开花。

孙秀疼在身上，记在心上。他虽然暂时还不能拿潘安怎么样，但是他在心中暗自发誓，有朝一日他若是能出人头地，这深仇大恨，他必百倍奉还！

后来有一天，孙秀真的出人头地了。他投奔赵王司马伦，成了他手下的狗头军师，给他出了不少主意，最后，竟然连皇后贾南风，以及潘安的老板贾谧，都被孙秀用阴谋诡计给干掉了。

司马伦这人智商不高，只不过因为有孙秀给他出谋划策，所以他才得以一步一步地扩大自己的势力，把朝政大权紧握在手中。自然而然地，他对孙秀也就言听计从，给了孙秀很大的权力。在当时，甚至有人在私底下传言，说孙秀才是真正意义上的幕后老板，司马伦只不过是他手中的牵线木偶。

孙秀如今大权在握，以前他有很多想做却做不了的事情，现在终于可以放手大干一场了。

孙秀把目光瞄向了潘安。

潘安并不是瞎子，他自然看得出孙秀对他的窥视。想起以前他和孙秀之间的恩恩怨怨，他心中油然而生一股恐惧，非常担心遭到孙秀的报复。他怀着惴惴不安的心情，去询问孙秀："孙老板，你还记得以前的事情吗？"

"以前的事情？"孙秀冷笑一声，指了指自己的胸口，说，"你的大恩大德，我可是一直铭记于心，丝毫不敢忘记啊！"

孙秀此话一出，潘安顿时觉得自己的整个世界全都灰暗了。他知道，自己这一次恐怕是在劫难逃了。

不久之后，孙秀诬陷潘安和石崇等人图谋造反，将他们诛杀三族，鸡犬不留。

被捕之时，潘安潸然泪下，对他老妈说："孩儿不孝，竟连累母亲与我一同受罪！"

潘母老泪纵横，说："我已经这把年纪了，就算现在不死，也没多少年活头了。只是可惜了你啊！"

母子二人痛哭不已，一起被人抓去赴法场。到了那里之后，潘安发现了他的老友石崇，石崇看了他一眼，对他说："老友啊，没想到你也来了！"

"老友啊老友，原来你也在这里！"潘安忽然想起了自己以前所写的一首《金谷诗》，不由得开口吟道，"投分寄石友，白首同所归！当日我写诗相赠，却不料今日竟一语成谶！白首同所归，白首同所归……哈哈哈哈！老友啊老友，你我相识一场，果真是白首同所归！"

潘安和石崇二人又哭又笑，不多时，被刽子手一刀斩下，血溅三尺，共赴黄泉！

这一年，是300年，潘安享年五十四，石崇享年五十二。

尘洛若影有诗叹曰：

人道潘安美檀郎，纵称第一又何妨。
掷果盈车洛阳道，奇童年少意气骄。
奈何才高惹人妒，错把十年青春误。
此情郁郁何所寄，此心凄凄何所依。
河阳桃花本是红，奈何白发引愁容。
杨骏赏识非福缘，却是生死一线间。
幸得故人相搭救，卿卿性命未尝休。
二十四友望尘拜，天才从此是庸才。
白首同归语成谶，功名利禄害死人！

好了，关于潘安的故事，到这里也就讲完了。接下来，就让我对这个人进行一番总结评价。

常言道，不怕不识货，就怕货比货。卫玠、裴楷和潘安生活于同一时代，又都是玉人级别的帅哥，要想对潘安这个人有更深一步的认知，不妨把这三个人一起拿出来对比一下。

从知名度来看，潘安毫无疑问是第一。相信很多读者在看到这三位帅哥的故事之前，对卫玠和裴楷并没有什么了解，甚至连他们的名字都没听说过。但我想对于大多数人来说，潘安这个人总该是知道的。

潘安为什么这么出名？归根结底，还是因为一句成语：貌若潘安。每一次我们形容帅哥的时候，往往都会用上这四个字，久而久之，潘安也就成了帅哥的代名词了。

就好比我们一说起美女，就想到中国有"四大美女"一样，进一步联想到"沉鱼落雁闭月羞花"之类的成语，里面所对应的西施、昭君、貂蝉、贵妃，自然而然也就深深烙印在了我们的脑海之中。

难道说，中国就只有这"四大美女"而已吗？当然不是的。江山代有美女出，各领风骚三五年，事实上很多女人的容貌并不比这"四大美女"差，只不过因为她们知名度不高，所以才会被人们渐渐遗忘。

归根结底，其实这"四大美女"的优势并不仅仅在于她们的容貌，更重要的是她们留下了成语典故，能够被后人反复提起，所以才在历史上占据了牢牢的一席之地。也许很多人其实并不知道她们具体有什么人生经历，也不知道她们的个性如何，但只要一提起她们，脑海中就会自然而然浮现出两个字——"美女"。

人的名，树的影，这就是名气的威力。

潘安因为一句成语典故，已经变成了帅哥的代名词，但依我个人看来，从帅的程度来说，他还比不上卫玠。潘安小时候虽然有"掷果盈车"的经历，但卫玠幼年时出门的时候同样是"观之者倾都"，长大之后也照样能"观者如堵"，男女老少全部通吃，无论是去到哪里，都非常受欢迎，谁见了都得夸他几句。

反倒是潘安，长大之后并没有从前那么耀眼，在京城里受到排挤，被调到县城去上班的时候，也并没有出现万人空巷强势围观的景象。他吸引仇恨的能力很强，到处都有人看他不顺眼，到最后竟然被人给灭了三族，受欢迎的程度跟卫玠实在是没法比。

有一句话叫作"小时了了，大未必佳"，这句话用在潘安身上，倒是再合适不过的。

从人品来说，潘安也似乎并不是那么高尚，他年轻的时候遭人嫉妒，后来他也同样嫉妒别人，还写诗对别人进行嘲讽。

撇开王济和和峤不谈，至少裴楷还是凭本事吃饭的，长得帅，口才好，学问高，他凭着自己的能力而得到重用，又有什么不对的呢？

再对比一下潘安和裴楷在官场上的表现，潘安更是差了一截。裴楷跟那几个辅政大臣虽然有姻亲关系，却对他们并不依附，而是跟他们保持距离，小心做事低调做人，所以才能在一次次的政变中安然无恙，得以善终。

至于潘安，则对当权者极度阿谀，以至做出了"望尘而拜"的举动，他老妈觉得这样不对，就叫他改一改，可他还是改不了。倘若他能早日急流勇退，后来又怎会沦落到被诛三族的下场呢？

潘安这个名字，只是后世对他的叫法，事实上他姓潘名岳，字安仁。在历史上有一种说法，说他之所以被叫作潘安，是因为他为人不仁，所以就去掉他字里面的"仁"字，仅以"潘安"称之。

总的来说，从历史知名度而言，潘安＞卫玠＞裴楷；从帅的程度来对比的话，卫玠＞潘安＞裴楷；在为人处世方面，裴楷＞卫玠＞潘安。三者各有千秋，就我个人而言，我比较喜欢裴楷多一点儿。

关于潘安的故事，到此也就结束了。

嵇康：真男神从来不修边幅

魏晋时期的美男子，通常以阴柔为主，比较偏女性化。

比如，卫玠和裴楷，一个绰号"玉人"，一个绰号"玉山"，玉是什么颜色的？玉是白的。显然，"玉"字辈的帅哥，都是些小白脸。

那时候人们的审美观，普遍喜欢这种花样美男，尤其是上流社会的哥们儿，特别注重化妆打扮，脸上擦点儿粉，身上戴个香囊，再套上一件华丽丽的锦袍，手里面一把羽扇轻摇，一个个显得柔弱无骨弱不禁风，半点儿阳刚之气没有，不像是阳刚霸气纯爷们儿，倒像是柔情似水美娇娘。

下面，我要给大家讲的是一位阳刚型的美男子，"竹林七贤"之一的嵇康。

"嵇"读作jī，姓"嵇"的人比较少，据我所知，在历史上比较出名的，也只有嵇康了。

嵇康的祖宗并不姓嵇，而是姓奚。当年他家祖宗出来闯江湖，跟别人结下了梁子，到处被人追杀，于是就举家搬迁，跑到了谯国铚县。到了铚县之后，嵇康的老祖宗还觉得不安全，就决定隐姓埋名，换一个姓氏来度过新的生活。

改成什么姓好呢？

铚县有座山，叫作嵇山，嵇康的老祖宗恰好把家安在嵇山的一侧，于是就决定从此改姓嵇，这样一代传一代，就有了后来的嵇康。

嵇康，字叔夜，他自小没了爹，主要靠老妈和哥哥将他抚养长大。长大以后，嵇康的身高达到了七尺八寸，约等于现在的一米八八。这样的高度使他得以鹤立鸡群，傲视天下。

嵇康除了长得高之外，还长得很帅，他的帅是一种浑然天成的帅，根本不必刻意去雕饰自己的外形，就自然而然地流露出无与伦比的帅气。

某些人是有钱任性，而嵇康则不一样，他是有颜任性。

任性到什么程度呢？

嵇康从来不爱打扮自己，别说往脸上涂脂抹粉了，他甚至连澡都懒得洗。十天半个月不洗澡是正常的，除非实在是头皮发痒到不行了，才会勉为其难地跑去洗洗。（作者注：嵇康曾写过一篇《与山巨源绝交书》，文中自称"性复疏懒，筋驽肉缓，头面常一月十五日不洗，不大闷痒，不能沐也"。）

大家可以想象一下假如自己这么长时间不洗澡，会变成什么样子。即便是再帅的帅哥，再美的美女，这种时候也是蓬头垢面，邋遢得不行了吧？还好意思出门见人吗？还能有半点儿美感可言吗？

有道是：天涯何处无芳草，不能天天不洗澡。十天半月不碰水，仙草也要变毒草。

当然了，凡事皆有例外，像嵇康这种浑然天成的帅哥，倒是无所谓的。

不洗澡有什么要紧？蓬头垢面有什么要紧？有一种东西叫作气质，它并不是由你穿什么衣服、戴什么首饰、化什么妆容所能决定的，有些人披着龙袍也不像皇帝，有些人一身布衣却流露出无比的霸气。

嵇康作为一个气质型帅哥，即便是他十天半个月不洗澡，他的帅气也是无法掩饰的。人们给了他很高的评价，说他"龙章凤姿，天质自然"，可谓是清水出芙蓉，天然去雕饰，洗澡什么的都是浮云，哪怕是身上长了跳蚤也无所谓。

如果换作是普通人，十天半个月不洗澡，早就变得面目可憎臭不可闻，谁还会夸他长得帅？不把他踹飞已经很给面子了。

嵇康不喜欢洗澡，却比较喜欢读书。通过平时自学，博览群书，尤其喜欢研究庄子和老子的学说。这两位老爷子的学说，讲究的是清心寡欲无为而治，顺应天道道法自然，嵇康看他们的书看多了，也跟着清心寡欲了起来。

在这两位老爷子的影响下，嵇康又开始琢磨起了养生。

苦心钻研养生的嵇康，经常会搞一些灵丹妙药来吃进肚子里去，至于这些所谓的"灵丹妙药"到底是不是真的有效，那就只有天知道了。

除了服食各种药品之外，嵇康还经常弹弹琴写写诗什么的，以此来修身养性，聊以自娱。照他看来，一个人要想成仙，并不是靠修炼得来的，而是自然而然就变成仙的。

嵇康还认为，人体的潜力是无限的，只要调理得当，自然而然就能长寿，可以跟安期生、彭祖之类的人相提并论。

安期生和彭祖是谁？

安期生，神仙中人也，江湖上人称"千岁公"。秦始皇东游，与安期生畅谈三天三夜，并赐给他价值数千万的金银珠宝。秦始皇离去后，安期生将这些珍宝弃之不顾，并写信给秦始皇，说："过几年你去蓬莱山来找我吧。"后来秦始皇就派徐福和卢生漂洋过海去找蓬莱山，只可惜没能找到，所以秦始皇也就没能成仙，死翘翘了。再后来，汉武帝也派人找过安期生，只可惜汉武帝也没有仙缘，结果他后来也死了。

彭祖，同样是个神仙中人，他是上古五帝之一的颛顼的玄孙。江湖上传说他活了八百八十岁，历经夏、商、周三代，后来修成元婴，渡劫成功，跑到仙界去继续他的养生大道了。

关于彭祖，还有个段子，说的是汉武帝一心想要修炼成仙，千秋万岁，有一天他问东方朔，说："我听说'人中'比较长的人，活得也比较长，有这回事吗？"

人中，也就是鼻子和上唇之间的那条沟沟。东方朔听了之后，并未作答，反而哈哈大笑起来，汉武帝觉得十分不悦，说："你这是在嘲笑我吗？"

东方朔回答说："我并不是笑皇上，而是在笑彭祖啊。听说彭祖活了八百多岁，我在想他到底需要一张多长的脸，才能放得下那么长的人中呢？"

汉武帝听了，脑子里想象一下，顿时也忍俊不禁，跟着大笑起来。

安期生和彭祖这两位老爷子是养生学的大师，在嵇康看来，他们的成功并非不可复制。若能把养生之道做到极致，那么像他们一样活个千八百岁，也应该不成问题。

所以嵇康就写了一本《养生论》，把自己的理论和思想全部总结在内，至于具体写的什么内容我就不提了，有兴趣的可以自行搜索一下。就我个人认为，养生之道虽好，但要想指望靠着养生就能活个几百岁什么的……

现实没有这么科幻，当然，也没有那么玄幻。

好了，关于嵇康的养生之道，那就介绍到这里。下面，让我们来看一下嵇康的社交圈。

嵇康苦修养生之道，虽然肉体上没有成仙，但精神上早已是神仙中人了，能跟他交往的，自然不能是些凡夫俗子。

唯一能跟嵇康谈得来的，是陈留阮籍、河内山涛、河内向秀、沛国刘伶、阮籍他哥的儿子阮咸、琅琊王戎这六位仁兄。

这六位仁兄经常和嵇康一起，漫步于竹林之中，花前月下，江湖上人称"竹林七贤"，说的就是他们了。

这竹林七贤之中，我对沛国刘伶印象极深，有一回看《晋书》的时候无意中读到他的传，说他"身长六尺，容貌甚陋"，我换算了一下，他的身高大概在1.44米，他和1.88米的嵇康站在一起，大概跳起来奋力一拳能打到嵇康的膝盖吧。

刘伶身高不高，长相不帅，却实在是个妙人，他时常乘着鹿车，拎着一壶酒，又叫别人带着锄头、铲子跟着他，一边喝酒一边说："死便埋我！"

不知为何，我看到"死便埋我"这四个字，便无端端笑起来，总觉得这四个字戳中了我心底的某个位置。其实人生不也就这样吗，只要过得快意就行了，即便死又何妨？死便埋我！

再说这河内向秀，和嵇康一样喜欢研究庄子和老子的学说。《庄子》这本书一共分为内外数十篇，自古以来研究它的人很多，但能够真正吃透的却比较少见，对于书中某些观点的理解，大伙儿也众说纷纭，并无定论。

在这种情况下，向秀决定对《庄子》进行注解，以便于后人阅读。当他把自己的心思跟嵇康说了之后，嵇康哈哈大笑，说："此书何必注解？一边看书一边琢磨作者的意思，这岂不是人生的一大快事吗？你要是把里面的内容都注解出来了，别人就失去了自行思考的空间，哪里还有什么乐趣可言？你还是别写了，让别人自己慢慢摸索吧！"

对于嵇康的说法，向秀并不同意，他回家之后，就开始了注解的工作。

经过一段时间的努力之后,他的大作初步完成,对此十分得意,就拿去给嵇康看,说:"快瞧瞧,快瞧瞧!你看我写得好不好?"

嵇康仔细品读之后,给了五个字的评价:"哎哟,不错哦!"

向秀和嵇康虽是好友,但在学术上的观点却并不一致,两人除了对《庄子》这本书见解不同之外,向秀对于嵇康的《养生论》也并不认同。针对养生这个话题,向秀和嵇康展开了激烈的争论,来,辩个痛快!

除了口头上的辩论之外,向秀还从书面上提出了反对意见,他写了一篇《难嵇叔夜养生论》,真可谓是针锋相对互不相让。

当然了,学术上的见解不同,并不影响嵇康和向秀之间的纯洁友情,朋友一生一起走,这才够哥们儿。

在生活上,嵇康和向秀有一项共同爱好,那就是打铁。打铁属于一种重体力活,很难想象两个原本穿着长衫,正在讨论着学术问题的翩翩书生,会突然你拿着铁我拎着锤,在那里敲啊,敲啊……

身高1.88米的嵇康常年打铁,在铁炉旁边烟熏火燎,完全可以想象他的上臂肱二头肌是多么孔武有力,肚子上的八块腹肌是多么错落有致,那一身古铜色的肌肤又是多么富有光泽。

他博览群书,却又不是那种手无缚鸡之力的文弱书生,他的气质浑然天成,不需要任何的装饰,因为他本身已经是最好的装饰,他不是小白脸之类的花样美男,而是一个顶天立地的肌肉型男!

谁敢说嵇康长得不帅呢?大伙儿见了他,都十分感叹:"萧萧肃肃,爽朗清举。"又或者说:"肃肃如松下风,高而徐引。"这一个风度翩翩的大好男儿,可谓是帅哥中的典范!

嵇康和向秀哥儿俩一起打铁,史书里说他们"相对欣然,傍若无人",可见关系之密切。

嵇康和向秀打铁的地方，是在他的家里。

嵇康的家有个院子，院子里有棵柳树，长得非常茂盛。嵇康在柳树旁边挖了个池塘，将柳树环绕其中，每到夏天，就和向秀一起在柳树下打铁。

"当，当，当"，一声声脆响在院落之中徘徊飘荡，两个壮汉满身是汗。

这样的一幕似乎很美，只不过，美好的东西总是太容易被打破。

话说有这么一位豪门世家贵公子，名叫钟会，他在之前裴楷的故事里出现过，是他向司马昭推荐了裴楷，让裴楷做了官。钟会听说了许多关于嵇康的奇闻逸事，不由得心中好奇，于是就决定去探访他。

钟会进了嵇康家的院子，正看见嵇康和向秀在那里打铁，而嵇康也发现了这个外来的不速之客。对于钟会的到来，嵇康并没有表现出任何欢迎的态度，他只是看了钟会一眼，也不说什么话，就继续和向秀一起打铁了。

什么叫"傍若无人"？这便是傍若无人了。

请注意，这里"傍"通"旁"，为通假字。

嵇康和向秀旁若无人，对他们来说没啥，但对于别人来说，未必就那么舒服了。

钟会作为一个豪门公子哥儿，平时谁见了不给他几分面子？这下倒好，他仰慕别人的名声，亲自登门拜访，就算不怎么欢迎，至少基本的礼数总该做到的吧，好歹打声招呼，问一声"吃了没"啊！你就这样把人家晾在那里，明明有人，却当作无人，把人家当成空气，这像话吗？

钟会心中暗恨，脸上却没有什么异样的表现，他只是在旁边静静地看着两人打铁，也不说什么话。良久之后，钟会方才转身离去。

正当他即将走出院门之时，一直不搭理他的嵇康，忽然说话了："何所闻而来？何所见而去？"

钟会稍微止步，停下来答道："闻所闻而来，见所见而去。"

两人之间的谈话颇有一番哲学意味。随后，钟会再也不发一言，头也不回地离开了这里。

钟会这一去，从此以后就埋下了祸根。

其实，这并不是钟会第一次来探访嵇康。钟会比嵇康小两岁，两人年龄相近，但是志向却截然不同。嵇康对权贵持鄙视态度，也不愿做官，而钟会却对官场十分热衷，再加上他出身名门，所以很快就步步高升，在朝廷之中占据了重要地位。

当初钟会并未高升之时，曾写过一篇《四本论》，他出于对嵇康的仰慕，想要拿去给嵇康鉴赏一下，可他又生怕自己的作品写得不好，万一人家看了之后说你写得好差劲，那该怎么办？

钟会拿着自己的《四本论》，就好像是一个怀春的少女，拿着自己的第一封情书，想要去送给自己心爱的少年一样，又是犹豫，又是徘徊，许久也拿不出勇气送出去。最后，他干脆就在嵇康的家门外把自己的作品凌空一抛，丢进了嵇康家的院子里，然后扭头就走。

所以说，钟会以前是一个多么羞涩的人啊。对于嵇康，他完全是当作偶像来崇拜的。

当初，钟会没有飞黄腾达，所以对自己没信心，现在自己发达了，有信心了，终于敢亲自登门拜访了，只可惜……

有一句话叫作"因爱生恨"，在现实生活中，发生这种事情的人，并不在少数。被自己所敬仰、爱慕、信任的人伤害，由此所造成的打击，是非常沉重的，甚至能够完全摧毁一个人的内心，让他从此走向反面，对原本深爱的人变得极端仇恨。

钟会感到自己受到了嵇康的轻视和侮辱，从此对嵇康再无任何好感，他在心里暗中发誓，一定要让嵇康付出代价。

至于嵇康，倒不觉得有什么。他与钟会之间，本来就理念不和，再加上他生性淡泊，对很多人和事提不起多大的兴趣，难以勾起他的热情，所以，要让他兴高采烈地欢迎钟会到来，也实在是一件很难的事情。

事实上，不仅仅是对钟会，嵇康对很多人的态度都很淡漠。

"竹林七贤"之一的琅琊王戎，和嵇康一起住在山阳有二十年之久，据他所说，他跟嵇康相识了这么多年，从未见他脸上有过什么喜怒之色。

无悲无喜，无怨无怒，静水流深，古井不波。对这红尘俗世的一切都看得淡了，看得透了，便也就不会有什么情绪波动了。

当然了，作为一名养生专家，嵇康就算是对别的事情再不感兴趣，也总该要去采药炼丹，以便于达到自己修炼成仙，活个千八百岁的目的。

既然要采药，难免要进山。所以，在许多名山大川之中，都留下了嵇康那高大英俊的身影。

偶尔有一些樵夫看见了，都惊为天人，回家之后对老婆诉说今天的见闻："老婆，我今天上山砍柴，居然遇见神仙了耶！"

过几天之后，樵夫曰："老婆，我今天又看见神仙了耶！咦，为什么要说又呢？"

又过了几天之后，樵夫曰："老婆，咱们一起去看神仙吧……"

话说有这么一天，嵇康在汲郡的山里采药，遇见一个名叫"孙登"的人，嵇康兴之所至，就跟着孙登在山里逛了一圈。在这一路同行的过程中，孙登并没有跟嵇康有什么语言之间的交流，只是默默地在山中走着，走着。

等到嵇康即将离去的时候，孙登终于开了口，对嵇康说："唉！我说你呀你，虽然满腹经纶却又生性倔强，只怕你以后会因此而遭到祸害啊！"

史书里并没有记载嵇康对这句话的反应,因此我们也就无从得知嵇康当时的心情。但是我们又不得不承认,孙登确实有先见之明,后来,嵇康的命运果然被孙登不幸言中了。

如果说嵇康遇见孙登,还在我们的理解范畴之内的话,那么嵇康在山里所遇到的另一个人,他们之间所发生的事情就颇有些神话的意味了。

这人名叫王烈,他跟嵇康一起进山晃悠,晃着晃着就看见了一堆石髓。石髓是一种膏状的半固体,有些许药用价值,所以王烈发现石髓之后,毫不犹豫就喝了一半。喝完这一半之后,他把另一半给了嵇康,结果这时候石髓突然变成了石头,没法喝了。

王烈喝完石髓之后,又在一个山洞里看见了一本传说中是黄石公所写的《素书》,他赶紧出去叫嵇康来拿,结果嵇康进洞之后,那本书没了。

你说,这两件事情是不是好像有点儿天方夜谭了?这不科学啊!

王烈也觉得很不科学,于是他就感叹道:"康康啊,理想很丰满,现实很骨感,有些事你始终没有缘分,这是上天注定的命啊!"

再说嵇康的另一位好朋友,"竹林七贤"之一的河内山涛,他给了嵇康极高的评价,说:"嵇叔夜之为人也,岩岩若孤松之独立;其醉也,傀俄若玉山之将崩。"

不得不说魏晋时期的人形容帅哥的时候实在是太喜欢用"玉"字了,卫玠是玉人,裴楷是玉人+玉山,嵇康是玉山。

孤松独立,玉山将崩,这样一个人站在你眼前,应该是一种什么感觉呢?千言万语,大概也就只能化作一个"帅"字了吧。

山涛在司马氏手下当官,有一回他因为工作调动,原先的职位就空了出来。朝廷让山涛推荐一个人来接替他的位置,山涛考虑了一下之后,就提议让嵇康来接他的班。

照理说，山涛推荐自己的好朋友做官，是出自一片好心好意，嵇康应该对此表示感激才对。但是，嵇康却并不买账，他非但没有感激，反而是勃然大怒，甚至还写了一篇《与山巨源绝交书》(文中顺带提到自己十天半个月不洗澡的事情，读者有兴趣可上网搜索全文)，以此来表明立场。

其实，嵇康以前并不是没有做过官，由于他的老婆是曹操的曾孙女，所以他曾经在曹魏政权下做过中散大夫。后来司马懿抢班夺权，再到他的儿子司马昭之心路人皆知，曹魏政权已经名存实亡，所以嵇康也就没有在司马氏的手下做官了。

嵇康写这篇绝交书，与其说他是想跟山涛绝交，倒不如说他是想跟司马氏绝交，他倒也不是不愿做官，他只是不愿在司马氏手下做官。

这一篇绝交书送出去之后，嵇康可以说是跟司马氏之间彻底地站在了对立面。原本司马氏对嵇康存了有意拉拢的心思，而如今，这一切已经变得不可能了。

危机即将来临，而问题的导火索来自一个名叫"吕安"的人。

吕安是嵇康的好朋友，他对嵇康十分钦佩，每当他想念嵇康的时候，就不远千里去找嵇康，抛开别的事情不谈，至少这份情谊是很值得赞赏的。所以，嵇康也就跟吕安相交甚欢。

有一回，吕安又千里迢迢跑来找嵇康，结果那一次估计是碰上嵇康进山采药去了吧，所以也就没能见着嵇康。

嵇康的哥哥嵇喜出来迎接吕安，邀请他进屋坐坐，可是吕安心想我大老远跑来是为了找你老弟，而不是为了找你的，今天你老弟又不在，我进去跟你瞎折腾个啥？

于是，吕安只是跟嵇喜客套了几句，就决定回家去了。临走之前，他在嵇喜的门口上写了一个"鳳"字，以此来跟嵇喜告别。"鳳"这个字也就是古代汉语中凤凰的凤，嵇喜看了，觉得很高兴，心想莫非这位吕安是把我比作人中龙凤吗？

其实，这是嵇喜想太多了。把这个"鳳"字拆开，就变成了"凡鸟"两个字，吕安的真正意思，是说你老弟才是真正的人中龙凤，至于你，只不过是一只凡鸟罢了。

后来，嵇康回来了，嵇喜一看到嵇康，就兴高采烈地说："老弟啊，你的老友吕安前阵子来找你，结果你不在，我就帮你招待了他一下。他走了以后，在我门口写了一个字，你瞧瞧。"

嵇康一看那个"鳳"字，凭着自己对吕安的了解，心里就对他的意思明白了八九分。于是他就对嵇喜说："老哥啊，你先别高兴得太早，其实……"

听嵇康一解释，嵇喜这才发现，自己原来是空欢喜一场。

话说吕安有一个哥哥名叫吕巽，他还有一个老婆姓徐，长得很漂亮。

吕巽强奸了自己的弟媳。

于是吕安就决定去官府控告吕巽强奸，让法律来惩罚他的罪行。

这下子，吕巽可坐不住了。

吕巽思来想去，想要找到一个解决之法，最后，他想到了嵇康。吕氏兄弟俩都跟嵇康有些交情，或许嵇康并不愿意看到兄弟俩反目成仇，如果他能出面来当个调解人劝吕安几句，说不定吕安也就忍了下来，不会去告官了。

吕巽好说歹说，竟然真的把嵇康给说动了，然后嵇康就去劝吕安，让他以和为贵，这件事情就这么算了。看在嵇康的面子上，吕安也就强压怒火，没有再追究下去。

这件事情的风波平息之后，过了些时日，吕巽觉得既然兄弟之间已经再无情义,那就干脆先下手为强,反过来去控告吕安!

于是吕巽就写了一封状纸,说吕安忤逆不孝,对老妈又打又骂,竟敢抽老妈的耳光。状纸交上去之后,很快,吕安就收到了官府的传票。

这下子,吕安可就傻眼了。本来应该我是原告才对的,怎么现在变成你来当原告了?好歹你也是我老哥,坑老弟也该有个限度吧?

在这个时候,吕安想到了嵇康。当初不是你出面调解的吗?我听了你的话没有再追究下去,现在好了,又出事了,你要不要再来调解一下?

嵇康得知了消息之后,他也出奇地愤怒了,终于明白吕巽这个人靠不住了!于是他一怒之下,拍案而起,写了一篇《与吕长悌绝交书》,表示要跟吕巽断绝关系,老死不相往来。

如果说当初嵇康写《与山巨源绝交书》,是表现出了他的品格清高淡泊名利的话,那么他现在写《与吕长悌绝交书》,所表现出的就纯粹是他如何不通人情了。

嵇康写这篇《与吕长悌绝交书》,对于吕安来说并没有任何帮助,结果他还是被关进监狱里去了。吕安被关进去之后,为了表明清白,就把这些事的前因后果,一一说了出来,当中自然少不得要提嵇康几句。

吕安的证词交上去之后,嵇康的麻烦来了。司马氏原本一直要拉拢你,结果你不肯,既然做不了朋友,那就只能做敌人了,好了,现在你自己撞到枪口上来了,我要是不趁机灭了你,以后我还怎么混江湖,怎么做大哥?

结果,嵇康就被判了个包庇纵容的罪名,也被抓进了监狱。

嵇康入狱之后,当初那个亲自登门拜访却遭到冷遇的钟会,终于找到机会来报复他了。当初钟会对嵇康心怀景仰,想要跟嵇康结交,可是嵇康却只顾着跟向秀打铁,对他理也不理,一点儿面子也不给,这叫他如何能忍？

于是，钟会就对司马昭说："嵇康是一条卧龙，只可惜他不是我们的卧龙，留着他只能是跟我们作对而已。为了永绝后患，我们还是把他杀了吧。"

司马昭对嵇康也是没有什么好感的，听了钟会的话之后，他点了点头，说："这家伙太不识相，我以前一直想拉拢他，可他却始终不肯合作，这家伙死就死了吧，省得我一想到他就心烦。"

就这样，嵇康和吕安一起被判了死刑。

那一天，嵇康被关在囚车内，即将要被送去刑场开刀问斩。那一天，有三千名太学生联名请愿，恳请司马昭赦免嵇康，并允许嵇康去太学当老师，来教育世人。然而，司马昭早已对嵇康动了杀机，又如何肯赦免嵇康？对于太学生的请愿，他只是冷笑一声，便弃之不顾了。

死亡，已是必然。

临刑之前，嵇康抬头看了看天上的太阳，他知道，这已经是自己所能看到的最后一眼，明天的太阳他是再也看不到了。他估算了一下时辰，距离行刑还有一段时间，于是，他就叫人拿来一把琴，在刑场上弹了起来。

嵇康弹的这首曲子，叫作《广陵散》。

遥想当年，他曾经去洛阳城西游玩，当夜幕降临之时，他住宿在华阳亭中，并弹奏了几曲。悠扬的琴声引来了一个人，他前来造访，声称自己是一位古人，并且跟嵇康畅谈了许久的音律，交流了许多意见。

最后，这位古人拿着嵇康的琴，弹了一首《广陵散》，其声调精妙无比，唯美绝伦，嵇康听了，不由得感叹道："想不到人世间竟有如此神曲！"

古人说道："你我有缘，这一首曲子，我今夜便将它传授给你吧。不过你要向我发誓，学成之后，绝不能传授给其他人。"

嵇康闻言，毫不犹豫地发下重誓，于是古人就将《广陵散》倾囊相授，随后飘然而去。自始至终，他都显得非常神秘，甚至没有留下自己的姓名，好像他今晚前来，就是专门为了传授曲子的。

这一刻，嵇康弹奏《广陵散》，回忆起关于这首曲子的过往，忽然发出了一声哀叹，说："我学成此曲之时，曾发誓不传与人，当初袁孝尼曾屡次想要向我学习《广陵散》，我都以此为由拒绝了他。早知如此，我当初就该教会他啊！唉！只可惜了这《广陵散》，从今以后就再也没人会了！"

一曲已终。嵇康的眼泪潸然而下。

那一年，是262年，嵇康享年四十岁。

嵇康有一儿一女，在他临死前，他没有把儿女托付给自己的哥哥嵇喜，也没有托付给跟他一起打铁的向秀，而是托付给了已经跟他绝交的山涛。

君子之交淡如水。虽已绝交，却仍神交。对于山涛这个人，嵇康是绝对信任的，虽然政治立场不同，但这并不影响他内心之中对山涛的认同。

嵇康的儿子叫作嵇绍，他托孤之后对嵇绍说："山公尚在，汝不孤矣。"

放心吧，儿子，他会像爹一样疼你。

一晃眼，许多年过去了。嵇绍遗传了他父亲的好基因，长得也非常帅，所以有人就对"竹林七贤"之一的王戎说："嵇绍这人实在是帅呆了，他往人堆里一站，简直就是鹤立鸡群，秒杀一切啊！"

"什么，你说嵇绍长得帅？"王戎听了，淡然一笑，不由得回忆起了嵇康的音容笑貌，说，"小子，我只能说你弱爆了，瞧你这一脸花痴相，就知道你没见过真正的帅哥！你若是生得早一些，亲眼见到嵇绍的爹，就知道什么才叫作真正的帅了！"

可是，真正的帅又能如何？帮助一个强奸犯逃脱罪责，结果却被强奸犯反咬一口，最终害死自己，嵇康是自寻死路，谁也救不了他。

再怎么洁身自好的人，一旦交友不慎，自身也难免沾上污秽。倘若在交友不慎的同时还非要讲究哥们儿义气，为狐朋狗友强出头，那可真是死路一条了！

邹忌：比我帅的都没我聪明

我们的中学课本里面有一篇故事，叫作《邹忌讽齐王纳谏》，开头是这样写的：邹忌修八尺有余，而形貌昳丽。

按照现在流行的说法，就是说这位男子是个高帅富。当然了，课本只说了高帅，并没有说富，但我们要知道，这家伙是在齐国当大官的人，你说，他可能不富吗？

高帅富可以分为两种：一种是天生的高帅富；另一种是先天的高帅后天的富。邹忌属于后一种。

下面，让我们来看一下他的奋斗史。

关于高帅富邹忌的身份背景，史书里只字未提，所以我们并不知道他的具体生卒年，也不知道他的家庭状况，只知道他是战国时代的人，主要在齐威王（公元前356年—公元前320年在位）手下当官，也曾侍奉过齐宣王（公元前320年—公元前301年在位）一段时间，所以我估计他可能生活于公元前380年—公元前310年。

邹忌的口才极好，能把死的说活，活的说死，不管什么话题，都能分分钟给你领悟出一番人生的大道理来，然后从哲学的角度出发，深刻剖析话题背后所蕴藏的内涵和意义，雄辩滔滔，滔滔不绝，不绝于耳，随便跟你说个三天三夜也不成问题，绝对包你满意。

邹忌生平有一大爱好，弹琴。一般来说，琴是用来弹的，而不是用来谈的，不过高帅富邹忌比较与众不同，他既能弹琴，又能谈琴，属于君子动手又动口的典范。

话说有这么一天，邹忌参加宫廷海选，在齐威王面前展现才艺，弹琴一首，让齐威王听得龙颜大悦，当即决定聘请他为宫廷乐师，还在宫里给他安排了住处。

对于一般人来说，能够在宫廷里面上班，为一国之君弹奏音乐，这是莫大的荣幸，然而对于邹忌来说，这是远远不够的，他的志向可不仅仅是当一个乐师那么简单。弹琴，只是他用来接近齐威王的手段而已，找个机会来跟齐威王谈琴，才是他真正的目的。

很快，机会就来了。邹忌搬进职工宿舍不久，齐威王就一时手痒，弹起了琴来。邹忌一听，马上放下手中的事情，飞奔到齐威王的房门前，直接推门而入，他一边拍手，一边高喊道："弹得好，弹得妙，弹得呱呱叫！"

齐威王正弹到高潮处，这下子被邹忌突然打断，心中十分不悦，再加上邹忌初来乍到，齐威王跟他还不熟，说不定他是别人派来的刺客，所以齐威王马上停止弹琴，抽出佩剑，对邹忌怒目而视，说："臭小子，你好大胆，竟敢坏我雅兴！你说我弹得好，那我倒要问问你，究竟是怎么个好法，你若是说不出个所以然来，休怪我剑下无情！"

邹忌瞧见齐威王那把剑寒光闪闪，却依然脸色不变，而是从容淡定地说道："我听大王用大弦弹出来的声音沉着稳重，其韵味有如明君；小弦弹出来的声音清脆悦耳，其语调仿若贤相；大王指法娴熟收放自如，就如同恰到好处的政令；高潮低谷层次分明，相辅相成互不干涉，就好比春夏秋冬有序运转。由此可见，大王你确实弹得很好，就是好来就是好！"

邹忌说得头头是道，同时又大力猛拍齐威王的马屁，齐威王听了，脸色稍微好了一些，就点头说道："你分析得很对啊，果然是个精通音律的人。"

邹忌微微一笑，说："琴里面所包含的东西，又岂止是音律这么简单？其实治理国家掌管万民的道理，都蕴藏在这小小的一把琴之中啊……"

齐威王一听，本来好不容易出现在脸上的笑容又消失了，他冷冰冰地说道："你刚才谈论琴声音律，确实很有一套，我相信世上没有谁能比得上你。但是我要告诉你，音律是一回事，治国是另一回事，你少来给我故弄玄虚，把两件不相干的事情混为一谈。你若是想把我当成三岁小孩来忽悠——哼哼，不好意思，你找错人了。"

"谁说不是一回事呢？"

邹忌泰然自若，娓娓道来，把音律和治国这两件看似毫无关联的事情串在一起，说得有理有据，令人信服，仿佛饿了要吃饭渴了要喝水困了要睡觉一样天经地义，又好像农民种田医生看病老师教书学生上课一般理所当然，洋洋洒洒，千言万语，直叫那铁树开花顽石点头，即便是最刁钻最挑剔的人，也无法从他的语言之中找到一丝破绽，更不可能有什么反驳的余地。

齐威王本以为邹忌不过是吹牛瞎扯乱弹琴，没想到他听了邹忌这一番高论，却觉得越听越有道理，不由得频频点头，抚掌而笑："说得好，说得好！来来来，先生你请坐，咱们接着来讨论一下治理国家的问题……"

就这样，邹忌用自己的三寸不烂之舌，成功取得了齐威王的信任，从此以后，两人日谈夜谈，座谈卧谈，谈了足足三个月，终于，齐威王对他的才华彻底叹服，就大手一挥，将他任命为相，全权负责管理齐国的国家大事。

要知道，战国时期的相，是文臣职位最高者，而将则是武官职位最高者。邹忌从一介平民变成国家级领导人，只用了一首曲子、一张嘴皮子，以及三个月的时间，就完成蜕变，破茧成蝶，你说，他牛不牛？

邹忌这种火箭般的升官记录，也只有在他那个年代才可能有，再往后，这样的好事就基本绝迹了。比如，陈平，从穷鬼变成大汉丞相，花了半辈子的时间，哪有邹忌这么快？

所以说，这就叫作彪悍的人生不可复制。

邹忌本来是个高帅穷，现在突然变成高帅富了，难免要招来别人羡慕嫉妒恨。

在这些人当中，有一位仁兄，名叫淳于髡，也是个靠嘴皮子吃饭的家伙。此人身高不足七尺，比起八尺有余的邹忌，明显矮了一个头，而且长相也不如邹忌英俊潇洒，不过他作为齐国的驸马爷，富倒是挺富的。

不过话又说回来，其实这位淳于髡也算是个人物。

遥想当年，齐威王刚刚登基的时候，经常去寻欢作乐，一点儿正经事也不想干，结果就搞得朝纲荒废国家动荡，外国势力纷纷入侵，差点儿就把齐国的大好江山给败掉了。当时，齐威王手下的官员们看在眼里，疼在心里，却没有谁敢劝他浪子回头，因为这样可能会被他砍头。

在这危急时刻，淳于髡挺身而出，对齐威王说道："大王啊，我听说齐国有个鸟人，在王宫里住了足足三年，也不见他飞一飞，也不见他鸣一鸣，你说，这是个什么样的鸟人啊？"

齐威王虽然好吃懒做了一点儿，但脑子绝对是不傻的，他听淳于髡这么一说，当即就明白过来了，于是笑着对淳于髡说："少年啊，你搞错了。他昨晚托梦给我，说他不飞则已，一飞冲天；不鸣则已，一鸣惊人。所以啊，你就放心吧，他不会令人失望的！"

以上这段对话，被太史公司马迁记录在《史记·滑稽列传》里面，同时也为我们提供了"一鸣惊人"这句成语。从此以后，齐威王好好学习，天天向上，从一个不良少年变成了三好学生，使得周边各国的统治者对他刮目相看，再也不敢轻易打齐国的歪主意了。

所以，淳于髡这个人对齐国是有大功的，再加上他是齐国的驸马爷，身份地位自然更要高人一等。但是即便如此，他也没能做齐国的相，反倒是邹忌一介书生，才三个月就爬上了如此高位，他心里面自然觉得有些不服气，再加上邹忌和他一样，也是个靠嘴吃饭的家伙，所以他也就难免有些嘴痒，想要跟邹忌切磋一下，看看谁的嘴上功夫比较厉害。

说干就干。于是，淳于髡就找了个机会，来到邹忌面前，说："听说你口才很好啊，我现在有些浅薄之见，想跟你讨论一下，不知你有没有兴趣呢？"

邹忌心想你小子在齐国这么多年，靠着一张嘴皮子出使列国游说诸侯，也算是齐国名嘴了，我今天若是不敢应战，以后还怎么在江湖上立足？所以他很干脆利落地把头一点，说："亲，有啥话你就直说吧，我听着呢。"

淳于髡说："有时候做得好就千好万好，有时候做得错就千错万错，你可千万要小心啊。"

邹忌回答："放心吧，亲，我早就叫人把差评全删了，现在大家都对我一致好评呢！"

淳于髡说："往车轮上涂猪油，可以起到润滑作用，但如果你的轮子是方的，那就算是再怎么润滑都没用啦。"

邹忌回答："放心吧，亲，我出来混了这么久，早就变成老油条啦，大家都说我圆滑得很呢！"

淳于髡说："用胶水可以让裂缝合起来，但如果不是裂小缝而是裂大缝，那可就没办法啦。"

邹忌回答："放心吧，亲，我做事的时候从来都是天衣无缝，绝不会给人留下把柄的呢!"

淳于髡说:"貂皮大衣就算再怎么破烂,你也千万别找一块狗皮给补上去啊!"

邹忌回答:"放心吧,亲,我只穿原装正品,假货和高仿是不可能出现的呢!"

淳于髡说:"车子如果不检修,就送不了货啦;琴瑟如果不校准,就弹不出曲子啦。"

邹忌回答:"放心吧,亲,我乃开车多年老司机,送货从来都不是问题呢,而且我发货之前会经过严格校准,不会让你有啥不满意的呢!"

淳于髡说:"听你这么一说,那我就真的放心啦。"

邹忌回答:"既然这样,那你记得给好评哦,亲!"

邹忌从容不迫,对答如流,令淳于髡十分叹服,对话完毕之后,淳于髡辞别而去,不无感慨地对自己的仆人说:"我本以为高富帅都是些没有真才实学的家伙,没想到这个邹忌原来这么厉害啊!不管我跟他说什么样的话,他都能马上把话题给绕到别处去,这种东拉西扯借题发挥的功夫,我实在是自愧不如啊!照我看,此人将来必成大器!"

果然不出淳于髡所料,一年之后,齐威王为了奖励邹忌的杰出贡献,特意将他封为成侯,还把下邳这片土地给了他。

以上,就是高帅富邹忌的发迹史,下面来说一说他变成高帅富之后的光荣史。

《战国策·卷八》里面说"邹忌修八尺有余,而形貌昳丽",那时候的一尺约等于现在的 23.1 厘米,即便最保守地估算他的身高为八尺一,那也有一米八七,这种身高已经可以说是非常霸气,就算是站在高帅富的群体当中,他也是鹤立鸡群异常突出的一位。

通常来说，高帅富是比较注意自身形象的，绝不可能蓬头垢面邋邋遢遢，在女人面前丢了面子。我们知道，要想保持良好形象，镜子这种东西是绝对少不了的，它是高帅富的必备利器，能够让高帅富随时保持最佳状态。

作为一个高帅富，邹忌自然也不能免俗，他也养成了每天照镜子的良好习惯。话说有那么一天早上，邹忌洗漱完毕，穿上一身光鲜亮丽的名牌衣服，站在镜子面前照啊，照啊，越照越觉得自己帅得不行，就差没说一句"魔镜魔镜告诉我，齐国最帅的是不是我"了。

邹忌照着照着，突然茅塞顿开，心想：就算镜子不能说话，我也可以找别人去问一问啊！

于是，邹忌就问他老婆："老婆啊，我听说城北有个徐大帅，长得非常帅，你说，我跟他比起来，谁比较帅啊？"

老婆说："那还用问吗？当然是我老公最帅啦！我老公帅呆了，满分十分你可以打一百分，那个徐大帅哪里比得上你啊！"

城北的那位徐大帅，据说长得"帅绝人寰"，帅震天下，多年来帅名远播，乃是齐国的少女杀手兼中老年妇女之友，公认的天字第一号大帅哥。

对于徐大帅的光辉事迹，邹忌多多少少听说过一点儿，他觉得自己恐怕没有徐大帅那么帅，所以，他对老婆的话将信将疑，就跑去找他的小妾来确认了一下："宝贝啊，你说我跟那个徐大帅相比，能帅得过他吗？"

小妾说："那是当然的啦，徐大帅怎么可能帅得过你！"

听了小妾的话，邹忌心中的疑虑稍微打消了一些，但还是觉得有些自信不足。到了第二天，有客人登门拜访，邹忌和他展开了亲切友好的会谈，在讨论中，邹忌重点提到了自己的长相问题，说："哥们儿，你瞧我这张脸长得咋样？跟徐大帅有的一拼吗？"

客人说:"你这张脸帅到惊动天下,徐大帅拼不过你啊!"

邹忌一听,心想群众的眼睛是雪亮的,既然大家都说我长得帅,那我肯定是真的长得帅了。想到这里,邹忌不由得精神一振,一种颜值方面的优越感油然而生。

又过了一天,徐大帅也来邹忌家做客了。

邹忌乍一看,觉得这家伙长得好帅,再一看,发觉他长得确实好帅,仔细再看一看,感觉自己长得绝对不如他帅。

邹忌不死心,又掏出镜子,往自己脸上来来回回照了几遍,想要找回一点儿自信,只可惜他越照越觉得灰心丧气,越照越觉得深受打击,忍不住把镜子一扔,痛心疾首地说:"照个屁呀照!把镜子照爆了也不如人家长得帅啊!"

那一天晚上,我们的高帅富邹忌一整夜没睡好,在床上翻来覆去,只要一合眼,脑海中就会浮现出徐大帅那英俊无比精致绝伦的脸。

要说长相这事儿,还真不是自己能控制的。

邹忌好不容易把自己羡慕嫉妒恨的心态摆正之后,又研究起了更深层次的问题:为什么我明明不如徐大帅长得帅,可是我老婆小妾客人却都要说我比他帅呢?难道是这帮人瞎了眼吗?

这念头刚一冒出来,马上又被自己否定了:不可能不可能,这些人都是见过世面的人,绝不会这么轻易就瞎掉的。但问题是,为什么要睁着眼睛说瞎话呢?

邹忌开始了思考。虽说人类一思考,上帝就发笑,但如果人类不思考,那就连猪都要笑了。

经过思考之后,邹忌把这事儿给整明白了:老婆之所以说我长得帅,是因为爱情让她盲目了呀!小妾之所以说我长得帅,是因为害怕说实话会惹我生气呀！客人之所以说我长得帅，是因为他有求于我才拍我的马屁呀！

这一刻，邹忌终于大彻大悟，其思想境界又迈向了一个新的高度。从现在起，他不再是一个普通的高帅富，而是一个有思想有内涵的高帅富。所以说高帅富就是牛，连照镜子都能照出个人生哲理来，真是人比人气死人呀。

第二天，邹忌上朝的时候，对齐威王说："大王啊，我虽然长得很帅，但是我知道徐大帅比我长得更帅。只不过，我老婆太爱我，我小妾太怕我，我客人有求于我，所以这帮家伙都说徐大帅不如我帅。大王啊，你想想看，后宫里的佳丽有哪个不爱你，朝廷里的臣子有哪个不怕你，国内的百姓有哪个不有求于你？大王啊，我只不过是你手下的一个打工仔，都有这么多人拍我马屁，你作为我的老板，平时拍你马屁的人就更多了。大王啊，照这样看来，只怕你都没机会听别人对你说真话啦！"

齐威王心里一想，对哦，确实是这么一回事！于是他就对邹忌点了点头，说："你说得太有道理啦，我得好好琢磨一下，找个法子让别人对我说真话才行。"

齐威王琢磨来琢磨去，最后决定拿钱来开路，于是他就颁布了一条命令，说欢迎大家来找碴儿，专门找他的碴儿，国内的广大百姓以及朝廷里的官员如果有谁能当面找碴儿的，就发个找碴一等奖；写信来找碴儿的，就发个二等奖；私底下找碴儿被他知道的，三等奖。获奖人数以及奖金总额不设上限，诚邀各位有志青年前来参与本次活动。

大伙儿一听说找碴儿还能有奖，心里都挺高兴，于是一个个都跑去找齐威王，想要捞点儿奖金来花花。刚开始找碴儿那阵子，人特别多，去找碴儿还得排队，简直要挤爆了头。过了几个月之后，基本上能找到的碴儿都被人找光啦，剩下的碴儿得要拿着放大镜往齐威王身上凑才能找得到，所以找碴儿的人就比较稀疏了。等到找碴儿活动开展了一周年之后，齐威王身上已经无碴儿可找了，别说是拿放大镜，就算是拿显微镜也没办法啦。

就这样，在齐威王的不懈努力之下，齐国的状况一天天好转，周边的燕、赵、韩、魏四个国家听说了齐国的状况，一致表示齐国实在太威武霸气了，他们要以齐国为榜样，好好学习天天向上，争取做齐国的好跟班。至于"战国七雄"的另外两雄，秦国和楚国，因为他们是大国，甚至比齐国还要大，还要厉害，所以就没把齐国当一回事了。

说完了邹忌的光荣史，下面来说邹忌的斗争史。

话说齐国有一位将军，乃是齐威王的亲戚，叫作田忌。田忌赛马的故事，大家耳熟能详，我就不多讲了。田忌手下的参谋名叫孙膑，这也是一位历史名人，我也不用多讲。我要讲的是，邹忌和田忌之间的矛盾。

史书里说这两个人"不相说"，"说"通"悦"，也就是互相看对方不爽的意思。至于他们为什么看对方不爽，史书里并没有给出明确的原因。照我看来，他们的主要矛盾有两点：邹忌出身平民，田忌出身贵族；邹忌是文臣，田忌是武将。

邹忌看田忌，可能会觉得我千辛万苦努力奋斗，好不容易才有了今天的地位，凭什么你一生下来就拥有这些东西呢？田忌看邹忌，可能会觉得你这土老帽，有什么资格跟我平起平坐啊？邹忌心想你这大老粗，一点儿脑子没有；田忌心想你做事全凭一张嘴……

总的来说，邹忌和田忌之间的矛盾，是平民与贵族、文臣与武将之间的矛盾。事实上，不仅是齐国的邹忌和田忌有矛盾，战国时代其他国家的将相组合，同样也有矛盾。

我们都学过一篇课文叫作《将相和》，里面说的是赵国的将军廉颇和丞相蔺相如,从仇敌变成好朋友的故事。

廉颇说我冒着生命危险,辛辛苦苦出去打仗,风餐露宿日晒雨淋,为赵国立下了汗马功劳,而蔺相如这小子就凭一张嘴皮子,胡说八道叽里呱啦,地位就比我还高了,这叫我怎么能忍啊!而且蔺相如出身低贱,以前是太监总管缪贤家里养的门客,没想到现在居然爬到我头上来啦,这对我简直就是赤裸裸的羞辱啊!改天等我找到机会了,一定要好好虐他一下!

从廉颇的话语当中,我们可以看出,他和蔺相如之间的矛盾,同样是平民与贵族、文臣与武将之间的矛盾。本来他们俩可能爆发一场斗争,但是在蔺相如的积极努力之下,成功化解了矛盾。

赵国的将相是和了,然而齐国的将相却没有和的迹象。在矛盾和冲突当中,邹忌决定在暗中发动致命一击,彻底把田忌给整死。

邹忌手下有个人名叫公孙阅,知道他的心思,就给他出了个主意,说:"不如你去叫大王出兵伐魏吧?以前田忌就跟魏国打过一次,所以这次如果再出兵的话,大王肯定是让田忌带兵出战。这一仗如果打赢了,那就是你策划有功;如果打输了,就是田忌办事不力。反正不管怎么样你都不亏。但是,田忌如果打输了,说不定会死在战场上,就算死不了逃回来了,大王也会治他的罪。要是他赢了,我们也不怕,到时候我们再想想别的手段来搞他。"

邹忌一听,马上竖起了大拇指,说:"好主意!行,咱们就这么办!"

于是邹忌就去找齐威王,用他那三寸不烂之舌,成功说服了齐威王,让田忌带兵去打魏国。结果,田忌在参谋孙膑的指导下,大获成功,还把魏国的大将庞涓给干掉了。

遥想当年庞涓和孙膑一起读书上学,庞涓先毕业出去找工作,在魏王手下混饭吃,他知道自己本事不如孙膑,为了防止孙膑以后抢他的饭碗,就假装说要帮孙膑安排工作，把人家骗了出来，然后砍了人家的脚，以为这样做就能万无一失了。

这深仇大恨，孙膑铭记于心，后来他好不容易逃到齐国，在田忌手下做参谋，今天终于大仇得报，也算是不枉此生了。

邹忌听说了田忌获胜的消息之后，又去找公孙阅商量下一步的对策。公孙阅琢磨了一阵，说："办法是有的。我们可以如此这般……"

于是，就有一个人捧着一大堆钞票，出现在了齐国最热闹的集市里，他走到一位算命先生的面前，把钞票往桌上一砸，用他那上百分贝的大嗓门吼道："我是田忌家的人，我家主子三战三胜，威名传遍天下，现在自我感觉非常良好，想要做一番大事，你这算命的快来给我算一下，帮忙挑个好时辰，这些钱就都是你的啦！"

这家伙的声音中气十足，穿透力极强，这下子，整个市集的人都听到啦。大伙儿一听，天哪，这不是明摆着想要造反！

于是他们赶紧跑去汇报情况，衙门里的人一听，这还得了？立即出动一队兵马，把算命先生和算命的人都抓起来了。然后，经过一番审讯，两人的口供完全一致，他们对犯罪事实供认不讳，还把幕后主使田忌给指证出来了。

这下子，事情可就闹大了。无论如何，造反这种事情都是不能容忍的，齐威王一怒之下，立即下令撤销田忌的一切职位，在全国范围内通缉他。

可怜田忌辛辛苦苦为国效命，这下倒好，被邹忌这么一搞，直接就从功臣变罪人了。你说，这可叫人如何能忍？田忌心里实在气不过，就带着自己手下的亲兵反攻齐国都城临淄，想要把邹忌干掉，只可惜他实在攻不下来，到最后只能逃亡到楚国去了。

好了，现在邹忌赢了，田忌逃了，事情算不算完了呢？没完。为什么没完？因为楚国有可能重用田忌，让他执掌兵权，然后出兵报复齐国。万一真发生了这种情况，那可就麻烦了。

在春秋时代，伍子胥一家被奸人所害，结果他老爸和老哥都被楚平王杀掉了。伍子胥听闻噩耗，内心如焚，一夜白头，历尽艰险逃到吴国，成为吴王阖闾的重臣，后来他带兵攻破楚国都城，杀得血流成河，将楚平王的棺材挖了出来，亲手鞭尸三百，以泄他心头之恨！

复仇之事，早有先例，不得不防。所以，齐国就有一个名叫杜赫的人自告奋勇，出使楚国，彻底断绝田忌报复的可能性。他去到楚国之后，对楚王说："大王啊，邹忌和田忌关系一向不好，这事儿你知道吧？"

楚王说："我知道。"

杜赫说："你现在收留了田忌，这让邹忌的神经很紧张啊，他担心田忌有一天会带兵反攻齐国啊。没办法，他只能在边境安排重兵，和楚国相互对峙，这样的话对齐国很麻烦，对楚国也不好。"

楚王一想，确实是这样没错，齐、楚两国都是大国，万一打起来，大家都要吃亏。于是他就点了点头，说："那你想怎么样？"

杜赫说："不如这样吧，你在离齐国最远的江南地区给田忌一块封地，让他搬到那儿去住，彻底远离齐国，这样的话邹忌也就放心了，不会派兵和楚国对峙了。至于田忌，他作为一个流亡分子，能够获得一块封地，肯定会很感激你。将来如果有一天他回到齐国，肯定会善待楚国。此事一举两得，既维护了齐楚两国的和平，又让邹忌和田忌对你感恩戴德，如此岂不甚好？"

楚王一听，觉得很有道理，就果真把田忌封在江南，让他安安稳稳地住下来了。邹忌少了这心腹大患，从此高枕无忧，在齐国过着幸福快乐的生活。

又过了些年头，齐威王死了，齐宣王即位了。齐宣王喜欢听音乐，而且每次都要三百人合奏乐器，所以南郭先生就趁机加入了他的乐队，整天滥竽充数混吃混喝，后来齐宣王死了，他的接班人喜欢听独奏，南郭先生没办法，就逃了。

"滥竽充数"这个故事，或许会让人感觉齐宣王很好相处，然而并不是所有人都能在齐宣王面前蒙混过关，如果不拿出一点真本事，日子可是很难过的。

话说我们的高帅富邹忌作为两朝元老，在齐国势力很大，手下有很多跟班。当时还有一位高级官员名叫晏首，手下的跟班很少。于是齐宣王就对邹忌说："你手下这么多人，简直连我的风头都要被你抢去了，你瞧瞧人家晏首，平时就那几个跟班，你要向人家多学学呀！"

邹忌一听，这下大事不好，莫非连我也要功高震主了？幸亏他脑袋瓜还算聪明，所以他赶紧回答说："大王啊，我听说一个儿子孝顺，不如五个儿子孝顺。我身边的跟班多，是因为我知道他们贤能，所以才推荐他们做官；晏首的跟班少，说明他根本就没有推荐所有的贤人给你啊！"

齐宣王一听，心想邹忌说得真对呀，我怎么就没想到呀！于是他就对邹忌没什么意见了。

就这样，邹忌靠着自己的聪明才智，化解了他生命之中的最后一道难题，后来，他死了，至于具体是什么时候死的，史书里没说，所以后人也就不得而知。

邹忌的故事，到这里也就结束了。

兰陵王：天生丽质难自弃，打仗必须戴面具

长得帅是一种错吗？从理论上来说，是，也不是。

为什么说是呢？因为在通常情况下，评判一个男人的标准，并不是他帅不帅，而是他有没有本事。如果一个男人光是长得帅，却没有本事，那他就会被人鄙视，还会被人说成是小白脸。在这种情况下，帅自然就是一种错了。

那么为什么又要说不是呢？因为长相是上天注定的，老天爷让我长成这样，那我也没办法，如果帅是一种错，那我早已一错再错，如果你真的要怪我，那还是去怪老天爷吧。但问题是，你能去怪老天爷吗？显然是不能的。所以说，其实长得帅也不是错。

总而言之，长得帅到底是不是一种错，关键是要视情况而定。假如某人从事的是靠脸吃饭的工作，比如，模特、演员等，那么长得帅就是一种优势，这自然是没错；但如果某人从事的是凭本事吃饭的工作，与长相美丑毫无关系，甚至有可能长得太帅也是一种拖累，那么在这种时候，长得帅就是一种错了。

好了，说完这些理论上的东西，现在让我们参考一下实际情况，把目光投向一千多年前的南北朝时代，看一看北齐皇族的一位大帅哥，是如何处理自己的长相问题的。

这位大帅哥姓高,名长恭,又名孝瓘,他是北齐文襄皇帝高澄的第四子,被册封为兰陵王。

兰陵王是从事什么工作的呢?他是专门去打仗的。

既然是要打仗,那就跟长相没多大关系了,甚至可以说长得帅就是一种负担,因为你打仗的时候,除了要考虑如何杀敌之外,还要去考虑如何护住英俊的脸,这样未免有些一心两用,实在大大不妥。

兰陵王作为一位将军,史书里说他"貌柔心壮,音容兼美",这就给他带来了很大困扰。男人嘛,本来就该棱角分明刚强冷硬,这样才能突出一个霸气,但他偏偏长得"貌柔",也就是面相柔弱,这给人的感觉就很不靠谱了:这么柔弱的一个家伙,他能打仗吗?只怕他是手无缚鸡之力吧!

当然兰陵王可以说他"心壮",可是心壮又有什么用?谁能看得出来你心壮啊?难道别人的眼睛还能自带X光效果,一眼就看透你的内心?这显然是不可能的。

心这种东西,是最难看透的,即便是相处多年的老友,也有可能知人知面不知心,所以在大多数情况下,人们还是得以貌取人的,人们只会看到你"貌柔",而不会看到你"心壮"。

兰陵王"貌柔心壮"也就罢了,偏偏他还"音容兼美"。

所以说,兰陵王在长相方面有着"先天不足"。长得帅本来不是你的错,但是长得帅还要出去打仗,那就真的是你的错了。

既然是错,那就得弥补。要怎么弥补呢?

兰陵王想出了个办法。

什么办法呢?

遮脸。

要用什么遮脸呢?

头盔。

普通的头盔是不会遮住脸的,但是兰陵王叫人精心打造了一副头盔,与其说那是头盔,倒不如说是个面具,往脑袋上一戴,整张脸就被遮住了,只露出一双眼睛。

这样一来,兰陵王就不必再为自己的长相而困扰了,效果那可真叫一个好,自从戴了这个面具之后,帅气没了,霸气有了,往战场上一站,突出一个威武,谁见了他都得赞一句很纯、很爷们儿。

戴上面具之后很纯、很爷们儿的兰陵王高长恭,开始在战场上活跃起来。史书里记载他所参加的第一场战役,是有一回突厥人入侵晋阳,"长恭尽力击之"。

作为帅哥的资深粉丝,我们自然是希望他英明神武大杀四方,其事迹越详细越好,但史书记载偏不是那么一回事,往往以简略为主,这虽然给人以无限的想象空间,却也留下了很大空缺。"长恭尽力击之",我们当然知道他尽力了,但问题是,他究竟是怎么尽力的呢?

十八般兵器,他用的是哪种?敌我双方兵力多少?交战之时战况如何?这些情况全然不知,只知道"长恭尽力击之",这可叫人如何去想象?

兰陵王在历史上真正值得一提的,记载比较详细的战役,是有一回北周发兵进攻北齐,双方在芒山(又作邙山)交战,北齐初战不利,有溃败之势。

打仗这种事情,是很讲气势的,如果一开始就奠定了胜势,那么一路高歌猛进自然不在话下;反之,如果一开始就有溃败之势,那么很容易就会一溃千里节节败退。北齐初战不利,士气低迷,这种时候自然是需要一个中流砥柱来稳住局面,吹响反攻号角。

那么关键时刻谁能做那个关键先生呢?自然是我们的主角,兰陵王大帅哥了。

北齐军队分为左、中、右三军，由三位主将分别领军，其中，兰陵王所率领的是中军。当他发现北齐军队有溃败之势的时候，心中焦急万分，他知道如果再放任这种情况发展下去，后果不堪设想，于是他便率领中军五百骑兵，依靠速度优势，冲杀进北周军队中。

兰陵王虽然作战勇猛，身先士卒，但五百骑兵未免也太少了一些，面对敌人的千军万马，实在是有些"压力山大"。所以他们只能边打边走，而周军则是边打边追，毕竟蚊子腿虽小也是块肉，就算填不饱肚子，好歹也能塞塞牙缝啊，你说是不？

兰陵王在前面跑啊跑，周军在后面追啊追，就这样来到了一座名为"金镛"的城池之下。此时兰陵王再无退路，而周军的攻势越发凶猛，若无支援，只怕今天就要死在这里。

情急之下，兰陵王面向城头，大喊一声，道："上面的人别光顾着看戏啊，下来帮忙！"

别看城外面的人打得热火朝天，其实城里面的人压根儿就不认识这两批人马，他们站在城墙上只不过是瞧个热闹而已，这下子听了兰陵王的话，就有人应了一声，问："你谁呀？我们不认识你！"

兰陵王奋起神威，将一批敌人杀退，扭头对着城墙上的人说道："我是你们家的兰陵王呀！听说过我的名号吧？"

"兰陵王？听过啊！可是你怎么证明你是兰陵王呢？"

兰陵王听了，二话不说就摘下了自己的面具，那一张无比帅气的脸散发出比太阳还要灿烂的光芒，瞬间就让围观群众眼前一亮："是兰陵王，是兰陵王啊！除了他不会再有人长得这么帅了！兄弟们，还愣着干什么，赶紧下去帮忙啊！"

帅哥的号召力就是大，城里面的人顿时就被动员起来了，马上有人弯弓搭箭，朝着周军射了过去。

一时之间，矢如雨下，射得周军惨叫连连，连连后退，退避三舍。

随后，一队人马从城内杀出，与兰陵王合为一处，奋勇冲杀，杀得周军丢盔弃甲，四散奔逃，"爹啊妈啊救命啊"直叫唤，刚才追得有多快，现在跑得就有多快！

就这样，兰陵王靠着自己的英勇无敌，以及帅气无敌，成功地打赢了这关键一战，史称"邙山之捷"。

邙山之捷以后，兰陵王班师回朝，鲜衣怒马旌旗招展，整个队伍显得威风凛凛斗志昂扬，让人看了好生景仰。他的几个兄弟都为他高兴，唯独他的五弟安德王高延宗对此不以为意，反而说起了风凉话："四哥真不是大丈夫啊。如果是我打了这么一场胜仗，肯定会乘胜追击，到时候，哼哼，直接灭了敌国也不在话下！"

高延宗贬低他人，抬高自己，这就叫作羡慕嫉妒恨，没本事又喜欢摆谱。

高纬是兰陵王的堂弟，邙山之捷这一年，他只有八岁。当他看见兰陵王凯旋的时候，并没有表现得多欢喜，而是脸上出现了几分担忧的神情，说："这一场仗，你带人冲得太深入啦，万一有个什么闪失，到时候你想跑也跑不了啊！"

兰陵王回答说："道理是这样没错，可我作为一个将军，本来就该奋勇向前，而且我身为皇室子弟，国事就是我的家事。于公于私，我都没有畏惧的理由，所以不管深入敌阵有多么危险，我也还是要上的。"

你的家事？高纬听了兰陵王这话，心里顿时嘀咕起来：虽然你是我堂兄，但我们毕竟不是一家人，我是皇太子，而你只不过是兰陵王，所以国家应该是我家的而不是你家的，即便国事是家事，那也是我的家事，什么时候变成你的家事了？你这么说，难道是对皇位有什么想法吗？

高纬这么一想，对兰陵王就多了几分忌恨，虽然现在不方便当场翻脸，但他却把这事儿记在了心里，等到将来有机会了，再秋后算账。

高延宗和高纬这两个恶心的家伙，让原本喜庆的邙山之捷蒙上了一层阴影，也为兰陵王以后的命运埋下了伏笔。这是后话，我们暂且不提，还是先看现在的故事。

邙山之捷使得兰陵王的名气上升到了一个新的高度，为了纪念这一场经典战役，诞生了《兰陵王入阵曲》，使得兰陵王的光辉事迹传遍北齐。

正可谓是：莫道帅哥无粉丝，天下谁人不识君！

与《兰陵王入阵曲》同时流传的，还有将士们对兰陵王的夸赞，他们都说兰陵王有两大优点：一个是作战胆大，另一个则是做事心细，特别懂得关怀下属，有什么好东西从不藏着掖着，而是拿出来和大家分享，同吃同住，不摆架子，令人钦佩。

经过将士们的这一宣传，兰陵王的名气更大了，然而，面对这铺天盖地的赞美声，兰陵王却做出了一个让人意想不到的举动：他自毁声誉，收受了不少贿赂。

百姓一贯是爱清官恨贪官的，兰陵王的这一举动，未免使得自己身上蒙受了污点，那么，他为什么要这么做呢？

关于这个问题，让我们等待剧情发展，稍后再来回答。现在，请大家继续听我讲故事。

且说这北齐军中有一员大将，姓段，名韶，字孝先，此人的军事素养可谓是北齐第一，犹在兰陵王之上。他征战多年，从无败绩，一直担当着军中统帅的重任，由他来制订作战计划，交由其他将领执行，即便是身份尊贵如兰陵王，也要听其号令。

邙山之捷以后，兰陵王与段韶一同进兵，攻陷了北周的柏谷城，过了几个月之后，又一同前去攻打定阳城。

定阳城分为内城和外城，北齐军队强攻了一个月之后，终于攻破外城，而内城在一时之间难以攻下。

此时恰逢段韶生了一场重病，他只怕自己无力再战，于是便叮嘱兰陵王说："定阳城地势险要，三面为山涧所阻，难以逃生，只有东南方向可以方便进出，如果敌军想要突围，一定会选择这个方向。我如今抱恙在身，需要回去养病，不能和你一起坚持到最后，我走以后，你务必要派一队精兵去东南方向把守，等他们自投罗网，一举成擒！"

"你就放心地去吧，一切有我！"兰陵王拍着胸脯打包票。

后来段韶果然放心地去了，他在家里死得很安详。至于兰陵王则依照段韶的嘱咐，派了一千多人去定阳城东南方向埋伏，正如段韶所预料的那样，当天晚上就有人想从那里突围，结果被伏兵抓个正着，全都做了俘虏。

这一仗打下来，兰陵王又立一功，本该是件天大的喜事，但对于兰陵王而言，情况似乎并非如此。兰陵王有一个手下，名叫相愿，他很清楚地意识到了兰陵王现在所面临的问题，于是在攻破定阳城之后，他对兰陵王说："我的王啊，我有个问题想问你。你身负朝廷厚望，万民景仰，为什么却要收受贿赂，而且还收了那么多呢？"

相愿的这个问题，也正是刚才我们所提到过的。那么，兰陵王究竟为何要如此呢？

面对相愿的询问，兰陵王一言不发，一副心事重重的模样。相愿乃是心思机灵之人，兰陵王心中所想，他又岂能不知？于是，不等兰陵王回答，他便接着说道："我猜你是因为当初邙山大捷，恐怕自己功高震主，所以才自毁名誉，往自己身上泼脏水，对吗？"

相愿这番话，听得兰陵王慨然一叹，说："正是如此。"

兰陵王的这种做法，在历史上其实早有先例。

秦始皇嬴政统一中国之前，派手下大将王翦，率军六十万讨伐楚国，王翦临行之前，向嬴政索要了大量良田美宅作为赏赐，表现得极为贪婪。

有人对此表现疑惑不解，便向王翦追问原因，王翦回答说："君王生性多疑，不肯信人，如今把举国之兵交付于我，我若是表现得理想远大品性高贵，一定会引起他的猜忌，以为我要将他取而代之。既然我不能做圣人，那我就只能做小人了，唯有向君王索要赏赐，才能显得我胸无大志容易满足，他才会对我放心啊！"

历史总是惊人地相似，王翦和兰陵王都担心功高震主，所以他们都选择了同样的做法，表现得非常贪财，以打消君王对他们的顾忌。

道理是这样没错，然而帝王心术哪里是这么容易就能破解得了的？之所以说"君要臣死，臣不得不死"，那是因为如果你对我忠诚，那么请你用死来证明你的忠诚，如果你不肯为我而死，那么你就是对我不忠诚，如果你对我不忠诚，那么我就让你死！无论如何，你必须死！

说到底，忠与不忠，死与不死，全在于君王的一念之间而已！

对此，相愿心知肚明，所以他听了兰陵王的回答之后，摇了摇头，说："我的王啊，你以为你这样做就能够逃过一劫了吗？其实是没有用的。皇帝要是想对你下手，他完全可以借口你贪污受贿，来治你死罪，只怕你的自保之举，到头来反倒是落人口实而已。不管你是圣人也好，小人也罢，如果君要臣死，臣终究还是不得不死啊！"

兰陵王本以为自己贪污受贿就能幸免于难，没想到这样做反而落下了把柄，让自己身处险境。听了相愿的话，最后明白真相的他眼泪掉下来，哭着对相愿说："先生救我，先生救我！"

相愿叹了口气，说："我的王啊，我自然是想救你，所以才会跟你说这些话的。邙山之捷，你本来就已经立下大功，如今又大破定阳，更是声威大震。照我看来，你早已有了功高震主的趋势，如果再立下什么功劳的话，皇帝绝对容不下你。如今之计，唯有称病辞职，彻底放下权力远离官场，窝在家里什么都不干，才有可能保全性命啊！"

"放下权力远离官场？"兰陵王思忖片刻，心有所悟，说，"是了，是了！所谓帝王心术，终究不过是争权夺利的手段而已，我若是远离官场，便不会妨碍到他争权夺利，他也就自然不会对我下手了！"

兰陵王经过相愿的点拨，想通了其中关节，本想急流勇退及早抽身，然而他身为高官，朝廷又是用人之际，岂能是说辞职就辞职的？无可奈何之下，他也只能继续在宦海中沉浮了。

再说兰陵王的另外一位手下，名叫阳士深，他曾经揭发检举兰陵王贪污受贿，但朝廷对此毫不在意，反而将阳士深罢免了。后来，阳士深又重出江湖，奉命跟随兰陵王征讨定阳，但他敏锐地意识到兰陵王可能有功高震主的危险，到时候万一出了什么事，只怕自己作为兰陵王的手下，也要受到牵连，因此，他不免显得有些忧心忡忡。

兰陵王是个好心肠，他听说了阳士深的忧虑之后，就特意找了个理由，用棍子抽了阳士深二十下，这样一来，使得阳士深跟自己撇清了关系，将来就算自己真的出事了，也不会连累到阳士深。

兰陵王能够为他人着想，这自然是极好的，然而好人通常命不长，他救得了别人，却救不了自己。

后来有一天，北齐又遭到敌国入侵，兰陵王担心自己又会被派出去打仗，便叹息了一声，说："我去年生病，脸上肿了一块，为什么现在却不复发呢？只要生病了，我就不用打仗了啊！"

于是，兰陵王就有意识地折腾自己的身体，把自己折腾得生了病，生病了也不治疗，希望能够就此逃过一劫。然而天不遂人愿，即便他已经想尽了一切办法，到最后他还是收到了北齐后主高纬发给他的一瓶毒药，让他服毒自尽。

兰陵王看着那瓶毒药，不由得悲从中来，对他的王妃说道："我对朝廷忠心耿耿，为何却要遭到如此对待呢？"

王妃说："既然如此，那你就去跟皇帝说清楚啊，求他免你一死！"

兰陵王叹道："如果他不想让我死，就不会给我毒药，他给了我毒药，就是想让我死啊！即便我去找他，又有什么用呢？"

兰陵王说罢，便将那瓶毒药一饮而尽，死了。

史书里只记载兰陵王死于 573 年，却没有记载他生于何时，因此，我们也就无法知道他死时的确切年龄。

可怜这位大帅哥，就此不明不白地含冤而死了！

元怿：从小帅到大是什么感觉？

人们常说，女孩子出门要保护好自己。

那么现在问题来了，男孩子出门要不要保护好自己呢？

一般情况下是不需要的，毕竟普通男孩子出门被非礼的概率很低，低到可以忽略不计。但如果是不一般的情况，比如说某个男孩子长得特别帅，那平时出门的时候可就得多加小心了。

今天我们就来认识一位长得特别帅，出门的时候又没能保护好自己，结果只能迎来悲惨命运的帅哥。

这位帅哥姓元，名怿（yì），字宣仁。

《魏书·元怿传》里面说元怿"幼而敏慧，美姿貌"，也就是说他小时候是个小天才加小帅哥。很显然，像这种聪明伶俐又好看的宝宝，总是能得到大人的更多疼爱，所以这几个字后面还跟着四个字，"高祖爱之"。

高祖，也就是元怿他爹，北魏孝文帝元宏。元宏有个兄弟，叫作元勰，他也很喜欢元怿这个乖宝宝，还给了元怿极高的评价，说："此儿风神外伟，黄中内润，若天假之年，比'二南'矣。"（《魏书·元怿传》）

"风神外伟"，说明元怿要外表有外表；"黄中内润"，说明元怿要内涵有内涵。至于这句话里面说的"二南",指的是古时候的两位圣贤,周公和召公。

整句话的意思是说,元怿这孩子太帅了太有才了,长大以后一定男大十八变,跟以前的圣人有的一拼啊!

好了,关于元怿外貌的描写,我们就讲到这里。"风神外伟""黄中内润",这两个词我们可以记一下,以后要是想夸某某长得帅,这两个词能用得上。

元怿大帅哥有着极其丰富的内涵,他的内涵体现在哪里呢?我们来看史书对他的描述:

第一,"博涉经史,兼综群言",看书看得多,知识很渊博,诸子百家的言论他都懂。

第二,"有文才,善谈理",看了这么多书,文才是必须有的啊,而且他不单只是会用笔写作,口头表达能力也很了不得,这就突出了一个"腹有诗书气自华"的文人才子形象。

第三,"宽仁容裕,喜怒不形于色",对人很随和宽容,不会因为一点儿小事就翻脸变色拍桌子骂人,就算真遇上什么大事,也能承受得住,这体现了他的人品素养,值得表扬。

长得帅,有才华,有教养,一个优秀的人所应该具备的优秀品质,元怿都具备了。再加上他身为皇子,家世显赫,无论从哪个角度来说,他都是男人中的极品,是真正的贵族。

极品男人元怿生于487年,在他十周岁的时候,被封为清河王。过了两年后,他的老爸孝文帝元宏驾崩,轮到他的二哥元恪登基,也就是宣武帝。

宣武帝登基之后,又过了几年,元怿从儿童长成了少年,算是具备了一定的行为能力,所以也就正式在朝廷里做了官,先拜侍中,随后转尚书仆射。

在官场上,元怿可谓是如鱼得水。从他的能力水平方面来说,"博涉经史，兼综群言，有文才，善谈理"，算得上是一个知识型官员，处理政事的时候自然是无往不利；从他的为人处世方面来说，"宽仁容裕"，能够很好地协调组织关系，"喜怒不形于色"，官场斗争有时候要讲究面善腹黑，表面上和气私底下捅刀，他也能做得到。

所以说，元怿这样的人，确实是个从政的好苗子。自从步入仕途之后，他的个人能力越发得到磨炼和培养，办起事来雷厉风行刚毅果断，毫不拖泥带水，取得了丰硕的工作成果，让他很快就声名鹊起，谁见了都得夸几句。

当然了，元怿并不是钞票，不可能让所有人喜欢，所以还是有人看他不爽的。

比如，高肇，他就是一个不喜欢元怿的人。高肇不喜欢元怿，并不只是简单的讨厌而已，更确切地说，那应该是一种仇视。

高肇为什么仇视元怿呢？这要从高肇的身份说起。

高肇是宣武帝元恪的舅舅，他在朝廷里面担任司空，这个官职很大，基本上可以说是一人之下万人之上，所以他平时经常作威作福。这样的生活让高肇觉得很爽，他想把好日子继续过下去，但问题是，有些人的存在对他而言是眼中钉肉中刺，如果不把他们除掉，那么恐怕他的好日子也就到头了，说不定甚至还会被他们整死，所以他决定先下手为强。

高肇下手的目标有元怿的叔叔元勰，以及元怿的哥哥元愉，当然还包括了元怿本人。这些人都是王爷，别的不说，身份地位摆在那里，影响力是很大的，对高肇的威胁也最大，因此自然也就成了高肇的重点打击对象。

元愉这个人比较容易对付，因为他属于典型的"二世祖"，身上到处都是可以攻击的漏洞，稍微被挑拨一下，马上就起兵造反了，结果他就被高肇给干掉了。

高肇干掉元愉之后，又乘胜追击，把元勰也牵连了进去，结果元勰也死了。

元愉和元翩死掉之后,摆在高肇面前最大的障碍,也就剩下元怿而已了。

跟前两位王爷不同,元怿无论从哪方面来说,都是无可指摘的,要想对这个几乎可以说是完美无缺的人发起攻击,这并不是一件很轻易就能做到的事,所以他相对来说比较安全一点儿。

当然了,元怿只是相对安全,而不是绝对安全,毕竟官场斗争是残酷的,并不会因为你这个人完美无缺,就能立于不败之地。当你的存在对某些人构成威胁的时候,他们会像疯狗一样扑上来咬你,没有任何道理可言。

幸运的是,高肇虽然是个坏人,但并没有丧心病狂到疯狗的地步,他虽然也想扑上去咬元怿,但始终感觉无从下口,所以他只能等,等元怿自己露出破绽。

元怿是个聪明人,要想等聪明人自己犯傻露出破绽,恐怕要等到花儿都谢了,谢了又开了,开了又谢了,这样循环百八十次,才有可能等到机会。

元怿身上没什么破绽,反倒是高肇这家伙全身都是破绽,所以高肇还没来得及对元怿发起攻击,元怿就已经抢先一步,对高肇进行嘲讽了。在一次宴会上,元怿喝了几杯,然后趁着酒劲,意味深长地对高肇说:

"皇帝就那么几个兄弟,我也是其中之一,你却整天咬着我不放,好像狗咬骨头一样使劲儿,这可实在是太不应该啊。虽然说狗是人类最忠实的朋友,你这样做也许是想向皇帝表明你的忠诚,但有时候狗东西发疯反咬主人一口的事情也不少见,我看你现在就挺有发疯的迹象啊,到时候惹得主人生了气,被一棒子打下来,你可就麻烦了。所以我劝你还是老实点儿比较好,乖乖做个哈巴狗不就行了吗,干吗非得做凶巴巴的狼狗呢?"

元怿说完这些话,不等高肇开口,他又对宣武帝元恪说:"我们虽是兄弟,却也是君臣,今天我以臣的身份来跟你说些话。我听说这个世界上有很多东西都可以借给别人，甚至送给别人也无所谓，但有些东西却极其贵重，只能由自己牢牢掌握在手中，绝不能假手他人。比如，至高无上的权柄，就是其中之一。皇帝之所以是皇帝，就是因为你掌握着生杀大权，别人才会对你又敬又怕。假如皇帝手里没权了，还有谁会理你？陛下如今宠信高肇，军国大权委于一人，什么事都交给他去办，他倒是威风了，可你呢？我只怕再这样下去，他比你这个皇帝都要大了，此事涉及国家根本，还请陛下三思。"

对于元怿的这番话，元恪并没有往心里去，毕竟高肇是他的舅舅，他始终相信自己的亲人不会出卖他背叛他，所以他只是笑笑，没说什么话。

当然了，元怿也是他的亲人，他不能太过于厚此薄彼，任由他们争斗不休，所以也就出面调解了一下，让他们各自偃旗息鼓，就这样度过了一段相安无事的时光。

515年，刚过完春节没多久，元恪就病死了，享年三十三岁。

元恪死后，由于他儿子元诩只有五岁，所以也就留下了一段权力真空。趁着这个大好机会，朝廷里的大臣们开始抢班夺权，而高肇当初大权在握的时候惹下了不少仇家，如今他失去了元恪这个保护伞，很快就被人干掉了。

经过一轮血腥清洗之后，笑到最后的大赢家是小皇帝元诩的老妈，胡太后。

胡太后性别女，爱好男，以前她老公元恪还活着的时候，她的爱好受到了极大的限制。现在她老公元恪死了，她儿子当了皇帝，而她变成了皇太后，如今大权在握，可以说是要什么就有什么，终于可以心安理得地去满足自己的爱好了。

在朝廷里的众多男人之中，胡太后可以说是一眼就看中了元怿。抛开别的方面不说，至少从长相上来看，元怿绝对是鹤立鸡群卓然出众的一个，如此俊朗的外表，让胡太后春心大动，所以，她毫不犹豫地向元怿表明了心迹，说："亲爱的元怿，我好喜欢你，你能不能和我在一起？只要你点头，我可以给你想要的一切，权力，金钱，这些都不在话下！"

"那我岂不是成了吃软饭的小白脸了吗？"元怿听了，连连摇头，说，"不行不行，绝对不行。我虽然长得白白净净，但我可不想做吃软饭的小白脸啊，这实在太丢人了，你还是爱找谁就找谁去吧，别拉上我就行了。"

对于元怿的拒绝，胡太后并不感到意外，毕竟两人之间的生活原本并无交集，她突然就表白，谁听了都得犹豫一下。所以，她继续发动语言攻势，说："你叫我爱找谁就找谁，可我除了你之外，并不想找谁啊。弱水三千，我只取一瓢；文武百官，我只要你一个。你看我对你爱得那么痴情那么深，简直就是感天动地啊，你就从了我吧！"

元怿满身的鸡皮疙瘩掉了一地，说："就算你说话这么肉麻，我也不会从了你的，我是一个有原则有操守有道德有底线的青年，所以我劝你还是算了吧！"

"话不要说得这么绝对嘛，咱们之间有的商量嘛！"胡太后毫不气馁，而是对元怿循循善诱，"你听说过大汉丞相陈平的故事没有？他跟你一样，也是个大帅哥，而且也很聪明，不过他有一点和你不一样，他是个毫无节操的家伙。他从小白脸开始做起，后来又跟了好几个老板，当时他的那些乡里乡亲同学朋友没有不嘲笑他的，可他最后却成了大汉丞相，从此名垂青史，被后人所称赞。元怿啊元怿，你读过这么多书，应该对他的故事有所了解，这么好的一个榜样摆在你眼前，你为什么不向他学习呢？只要你肯从了我，我包你升官发财，到时候你就可以放手大干一场，实现胸中抱负，从此流芳百世，功名不朽。怎么样，这么好的机会，你难道就不想考虑一下？"

"流芳百世？"这个词让元怿的眼睛微微眯了一下，很显然，作为一个有理想有志气的年轻人，这个词对他的诱惑力是不言而喻的，因此，胡太后所提出的条件，确实值得他好好考虑一番。但是，他想着想着，突然冒出了这样一个想法：我就算流芳百世了，也是一个流芳百世的吃软饭小白脸……

一想到这里，元怿的内心马上又坚定起来，对胡太后说："对不起，我还是没办法从了你。"

这下子，胡太后可真的是生气了。她好说歹说跟元怿说了这么多，本来以为元怿会点头答应，结果没想到最后还是白忙活一场，她哪里能受得了？

顿时，胡太后怒从心头起，恶向胆边生。

关于胡太后强行和元怿谈恋爱的故事，史书里是这么说的：（胡太后）逼幸清河王（元）怿，淫乱肆情，为天下所恶。（《魏书·元怿传》）

幸，是皇家的御用词，比如，皇帝看上某个女子，这就叫作"宠幸""临幸"。"逼幸"这个词比较有意思，本来别人是不愿意的，但因为被逼无奈，所以也就只能从了。被逼幸之后还得赔笑脸，不敢得罪人家，不然小心脑袋搬家。

所以，男孩子出门的时候一定要注意保护好自己。

要说惨，这确实是挺惨，但如果要说不惨，元怿倒也不算惨。为什么？

因为他确实从这段关系中得到了好处。胡太后逼幸了他之后，两人就发展成了情人关系，胡太后爱他还来不及，哪里舍得亏待他？所以，元怿很快就被胡太后升了官，得到了很大的权力。

权力越大，责任越大。元怿升官之后，他要管的事情就多了，以前很多事情轮不到他处理，现在都得要他亲力亲为了。虽然忙是忙了点儿，但他对此乐在其中，毕竟心怀抱负的人有很多，但真正有机会去实现抱负的人很少，他好不容易才有了这么一个机会，自然要好好珍惜，加倍努力。

在元怿掌权的那段时间里，有一回，京城里突然冒出了一个佛门高僧，法号叫作惠怜，据说他是活佛转世，法力高深无比，尤其是在画符方面特别有研究，经过他画出来的符会沾上仙气，把这符烧成灰拿来泡水喝，能包治百病，灵验无比。

有时候，人的心智是很容易被蒙蔽的。相信高僧，相信大师，相信专家，这是很多民众的共同点，不需要经过什么理性思考，也不需要什么实地考察，反正别人说什么就信什么，跟着照办就对了。至于那些被他们所相信的所谓高僧、大师、专家究竟是真是假，那就只有天知道了。

这一次，当高僧惠怜出现的时候，就在京城里掀起了一阵热潮，很多人都以为他能包治百病，这种信任几乎已经上升到了信仰的高度。所以当他们生病的时候，不是去看医生，而是去看高僧，每天都有人排队去看病，足有上千人之多。

喝下一碗符水，能够治愈疾病吗？答案是不能。如果说符水真的有什么作用的话，那也是一种心理作用，喝下去之后会让人觉得高僧与我同在，高僧会保佑我，至少能让人感觉到还有一丝希望，就是这么一回事。

当然我并不否认心理作用也能对身体产生积极的影响，但如果每一次疾病都指望着靠心理作用来治愈，那医院就可以关门大吉了。

很显然，元怿作为一个高级知识分子，他并不相信符水有什么作用，对于高僧惠怜的走红现象，他一直都怀有一种否定的态度。但问题是，只有他一个人否定高僧，这绝对是不够的，必须有更多的人和他站在一起，才有可能消除惠怜的不良影响。

遗憾的是，他的情人胡太后，是站在惠怜这一边的。胡太后本人的知识素养比元怿要差上一大截，换言之，在愚昧无知的方面，她比普通民众好不到哪里去。

更为关键的是，胡太后有个姑姑，是个尼姑，她从小就跟着尼姑姑姑学习佛经，这对她以后的人生造成了重大影响，从个人信仰上来说，她是比较相信佛教的。

正因为有这么一层关系，所以，当佛门高僧惠怜出现之后，她的第一反应并不是认为有什么江湖骗子扰乱了社会秩序，而是认为我佛慈悲，度化众生，这是天降神迹，值得好好鼓励。

所以，胡太后就亲自下诏，给了惠怜很多赏赐，并在京城里给他划了一块地皮，让他专门在那里治病。

在胡太后的鼓励之下，惠怜的生意更好了，去他那儿看病的人更多了，每天都有一大群人挤在那里，人手拿着一碗符水，脸上都挂着极其虔诚的表情，嘴里念叨着"佛祖保佑"之类的话语，然后将符水一饮而尽。

当这种现象愈演愈烈的时候，终于，元怿坐不住了。他给胡太后上表一封，对此极力劝谏，曰：

人心最容易受蛊惑，很多所谓的高僧专家大师并没有什么真本事，只不过因为他们比较擅长蛊惑人心，谎言欺骗，所以也就变成高僧、专家、大师了，但其实他们的真实身份不过是江湖骗子而已。

百姓不明真相不要紧，关键是我们这些治理国家的官员，一定要明白真相，不能被假象所迷惑，只有这样才能带领百姓走向正确的道路，维持正常的社会秩序。高僧惠怜实不可信，符水治病纯属虚构，绝不能任由他继续这样忽悠下去，否则后果不堪设想。

遥想东汉末年，所谓的大贤良师张角也吹嘘自己能包治百病，结果就发展了一大批信徒，最后组成了一支黄巾军来反叛朝廷，以致生灵涂炭，国本动摇。前车之鉴，犹在眼前，因此，我们绝不能对惠怜听之任之，要揭穿他的画皮，还原事件的真相，以免重蹈覆辙。请陛下三思。

元怿的这封表奏送上去之后，胡太后的反应是怎样的呢？

答案是不知道。

史书的一大特点就是简略，说得好听点儿叫作文辞精练，说得难听点儿叫作描述不清。这样一来，就给后世留下了许多不解之谜，给人以很大的想象空间和扯皮空间，你说是这样，我说是那样，似乎大家都有理，又似乎大家都没理，争来争去，也得不出一个统一的说法来。

比如，这一次，史书里就只记载了元怿写了这份奏折，至于奏折交上去之后，胡太后有什么反应，就只字不提了。史书里没写，那么后人只能猜了，我们可以推测胡太后看了这本奏折之后，就按照元怿所说的去做了，因为他确实说得在情在理，而且这件事又关系到社稷稳固，所以胡太后非得对惠怜动手不可。与此同时，我们也可以推测胡太后对元怿的奏折置之不理，毕竟她比较信佛，先前一直对惠怜持鼓励态度，而且她这个女人对江山社稷其实并不在意，只不过是贪图吃喝玩乐而已，所以并不会因为元怿的劝谏，就改变了原先的主意。

这两种推测都有一定的道理，但是，我们能够绝对肯定一种，而否定另一种吗？

不能。

所以胡太后的真正反应，永远只能是一个谜。

当然了，不管胡太后这一次对元怿的奏折有何反应，从总体上来说，她对元怿还是言听计从的。自从她和元怿谈恋爱以来，她就对元怿委以重任，基本上可以说是把大半个江山都放到元怿肩上了，而元怿也没有辜负胡太后的信任，史书里说他"竭力匡辅，以天下为己任"，这是一个极高的评价。因此，他除了是一个大帅哥之外，还是一个大好人。

大帅哥，大好人，这当然是值得令我们刮目相看的。然而遗憾的是，人帅遭天妒，好人命不长，曾经他因帅被逼幸，后来他因好惹人嫌，最后甚至还丢掉了性命，实在是可悲可叹。

那么，元怿因好惹人嫌，这又是怎么一回事呢？

这事儿，还要从胡太后说起。

胡太后有个妹夫，叫作元叉，由于跟胡太后是亲戚关系，所以深得胡太后宠信。胡太后这么一宠，可就把元叉给宠坏了，他平时做事骄纵任性，乃至于飞扬跋扈，从来没有把别人放在眼里，这样一来，就惹出了不少事情。

元叉整天惹事，如果他不是胡太后的妹夫，那他早就被人砍死百八十回了，偏偏他有胡太后罩着，所以从来都只有他惹别人，没有别人敢惹他。

别人不敢惹，不代表元怿不敢惹。像元怿这种以天下为己任的人，自然看不惯元叉整天胡作非为，而且从身份地位上来说，两人都是皇室宗亲，也都深受胡太后宠信，元怿甚至更进一步，把宠信提升为宠幸，所以无论如何，元怿也不会怕了元叉，自然也就有底气跟元叉叫板。

正因为有了元怿的存在，所以，元叉做坏事的时候就受到了许多限制。这样一来，元叉对元怿的意见可就大了，他总感觉元怿是个眼中钉肉中刺，非得将其除之而后快不可。

于是，元叉就想了个办法，他叫自己的手下去诬告元怿，罪名是谋反。

在古时候，谋反是个大罪，如果这个罪名坐实了，轻则满门抄斩，重则株连九族，一点儿商量的余地都没有。

当然了，元怿作为一个王爷，株连九族那是不可能的，因为那连皇帝也会被弄进去，皇帝总不会自己杀自己，所以这个不必考虑；至于满门抄斩的概率也不大，因为谋反的王爷可能是皇帝的兄弟，皇帝还是不可能自己杀自己，当然，皇帝就算不灭你满门，灭你和你的老婆孩子还是没问题的，只要不灭到他自己头上，随便怎么灭都行。

元怿平时从来没做过什么坏事，这下子好端端地突然被人弄了一个谋反的罪名，你说他冤不冤？

本来吧，他因帅被逼幸也就算了，至少不会伤筋动骨。但是，他因好惹人嫌，甚至被人诬告谋反，这可就实在是让他吃不消了，毕竟这可是要掉脑袋的大罪啊，脑袋掉了可就接不上了。

幸亏元怿身正不怕影子斜，他平时的所作所为完全体现出了一个忠臣的形象，如果说连他都要谋反的话，那地球上可就没有好人了。所以朝廷经过一番调查和审讯之后，根本就找不到一丁点儿谋反的证据，再加上有胡太后从中维护，到最后元怿也就毫发无损地平安出狱了。

元怿出狱之后，心里觉得挺委屈：为什么我这么好这么帅的一个人，却会碰上这种事情呢？被逼幸也就算了，那是因为我长得帅没办法，大不了我多牺牲一点儿，忍一忍也就过去了。可是被冤枉岂止是不能忍，简直就是忍无可忍无须再忍啊，根本就是想要我的命啊，我怒了，我真的怒了！

于是，元怿一怒之下，就召集了一帮人马！

召集人马干啥？

砍人？不不不，你猜错了。

元怿不会去砍人的，毕竟他作为一个文学青年、知识分子，带队砍人显然有失身份，所以他叫了这群人过来也没干别的事，而是跟他一起编写了一套丛书，叫作《显忠录》，总共二十卷，以此来显示出他对朝廷有多么忠诚，而他又是多大的一个好人。

元怿是个大忠臣大好人，这当然是毫无疑问的。但问题是，他是大忠臣大好人，不代表别人也是大忠臣大好人，他不会带队砍人，不代表别人不会带队来砍他。所以说，他亏就亏在这里。

北魏正光元年，也就是520年，元叉决定在这一年砍人。他砍人的对象，自然毫无疑问是元怿。当然了，他心里面非常清楚砍死元怿的后果，胡太后绝对会非常生气，后果绝对会非常严重，与其让他到时候接受责罚，倒不如干脆一不做，二不休，连胡太后也不放过，这就不必害怕以后会有什么麻烦了。

说干就干。于是元叉就跟太监刘腾合谋，在这一年的七月开始动手，先把小皇帝元诩给控制住了，然后又把胡太后软禁了起来，接着才对元怿下手，把元怿砍死了。

那一年，元怿虚岁三十四。

三十出头的年纪，正是一个男人褪去青涩，显露出成熟韵味的时候，更何况元怿还这么帅，这么有才，如此出色的一个男人，却如此英年早逝，你说，这可不可惜？

可惜，真的很可惜。

并不只有我们这些后人觉得可惜，事实上，当时的人们听说了元怿的死讯之后，他们内心之中的悲痛程度，比我们要高出千百倍。史书里说当时"朝野贵贱，知与不知，含悲丧气，惊振远近"，一代英才就此陨落，叫他们如何不心痛，如何不悲伤！

元怿的死，并不仅仅是震惊了国内，甚至也震惊了国际。这些年来，元怿声名远播，在国内外都有一大批崇拜者，当时有一批外国人，史书里称为"夷人"，他们听闻噩耗之后，"为之劈面者数百人"。"劈面"，顾名思义就是往自己脸上割刀流血，以此来表达自己的悲痛之情。

试想一下，究竟是何等的个人魅力，才能够获得如此多的拥戴呢？元怿，他是一个风华绝代的大帅哥，更是一个顶天立地的好男儿，肉身虽朽，而风骨永存！

褚渊：爱我的人总是那么多

上一篇，我们说道清河王元怿，他因为长得太帅，结果就被胡太后逼幸了。这一篇，让我们继续来看一个类似的故事。

这个故事的男主角名叫褚渊，女主角名叫刘楚玉。那么，褚渊和刘楚玉之间，到底发生了什么故事呢？

诸位看官，且听我慢慢道来。

《南齐书·褚渊传》有云：褚渊，字彦回，河南阳翟人也。

褚渊出身官宦世家，他的爷爷褚秀之，是南北朝时期宋国的太常；他的爸爸褚湛之，是宋国的骠骑将军，同时，还娶了宋武帝刘裕的女儿始安哀公主。

褚渊的家世如此显赫，到了褚渊这一辈，自然也不会差了。他像他老爸一样，也娶了一个公主，叫作南郡献公主，是宋文帝刘义隆的女儿。

一家人娶两个公主，由此可见褚家在宋国的政治地位。

褚渊出身名门，那么，他的长相又是怎样的呢？

史书里说："（褚）渊美仪貌，善容止，俯仰进退，咸有风则。"这句话的意思是说，褚渊不仅长得帅，形容举止也非常大方得体，举手投足之间，自然流露出翩翩风度，长相一百分，气质也是一百分。

褚渊每一次上朝，都非常引人注目，朝廷里那帮文武百官老大爷们，甚至是那些从外国来的使者，全都会把目光停留在他身上，有些长得矮的，生怕被人挡住了视线，甚至还踮起脚抬起头，眼睛一眨不眨地看着他。

这群人看什么？

看褚渊走路。

有些人好看，只是局部好看，但有些人好看，是一种360度全方位无死角的好看，不管他是吃饭、睡觉，还是走路，都显得韵味十足，无比迷人。

朝廷里的那群人，就被褚渊走路的样子给迷住了。

有一句话叫作"龙行虎步"，用在褚渊身上，真是再合适不过的。

还有一句话，叫作"邯郸学步"，用在那些围观群众——哦不对，他们不是群众，而是官老爷——身上，也是非常合适的。他们心里一直在思考一个很严肃的问题，那就是为什么同样是男人，褚渊走路就这么风度翩翩，他们走路却这么大腹便便呢？

那群围观的官老爷非常羡慕褚渊，他们也想学习褚渊的步法，只可惜他们只得其形，而不得其神，实在是帅不起来。

褚渊一直被模仿，从未被超越，这是理所当然的，因为有些颜值方面的差距，不是后天努力所能弥补的。褚渊的"男神步法"惊艳四座，别人虽然模仿不来，但这并不影响他们对褚渊的热爱。

由于褚渊的粉丝众多，所以，宋明帝刘彧曾经不无感慨地说："褚渊要是能迟行缓步，不要走那么快，每次都能让我们再看得久一点儿，只怕他的人气能够突破天际，大伙儿肯定会一致同意让他当宰相啊！"

就因为走路的样子好看，就能让人甘愿选他做宰相，想一想，褚渊到底帅到了什么程度？

所以说，长得帅就是好，让人不得不服啊。

当然，一个男人光是长得帅还是不够的，这样未免显得有些过于肤浅，必须才貌双全，才是一个真正的好男儿。

褚渊有貌，那他有没有才呢？

这自然是有的。

史书里说褚渊"涉猎谈议，善弹琵琶"，说明他口才很好，出口成章，而且又懂乐器，是个音乐才子。

什么叫偶像？这就叫偶像！

什么叫明星？这就叫明星！

在当时，褚渊的粉丝可以说是遍布天下，比如，南齐武帝萧赜，就是其中之一。

褚渊和萧赜的关系一直都很好，想当初，萧赜还是东宫太子的时候，他就特意赏赐给褚渊一把琵琶。这把琵琶可不得了，有一个名号，叫作"金镂柄银柱琵琶"，由此可见这把琵琶的材质之珍贵。

褚渊长得这么帅，连男人都喜欢，那么，女人喜不喜欢呢？

自然也是喜欢的。

喜欢褚渊的女人有很多，其中，最出名的莫过于山阴公主——刘楚玉。

话说这山阴公主刘楚玉，乃是宋前废帝刘子业的姐姐，宋孝武帝刘骏的女儿。她和上一个故事里的胡太后一样，都是性别女，爱好男，曾经对刘子业说："弟啊，我跟你虽然男女有别，但都是爹妈生的，凡事要平等才好嘛。弟啊，你有后宫妃子数以万计，我却只有驸马一个，你说，这公不公平，合不合理？"

刘子业心里一想，说："对啊，这确实很不公平，很不合理嘛。姐，你说个数，到底想要多少？"

刘楚玉伸出三个手指头。

刘子业试探性地问："三个？"

刘楚玉摇摇头，说："做人要诚实。"

刘子业不由得哈哈大笑，说："我懂，我懂！乘十，乘十！"

于是刘子业就给刘楚玉安排了三十个精神小伙，每天围绕在她身边，轮流和她谈恋爱。

这个故事，记载于《宋书·本纪·卷七》：山阴公主淫恣过度，谓帝曰："妾与陛下，虽男女有殊，俱托体先帝。陛下六宫万数，而妾唯驸马一人。事不均平，一何至此！"帝乃为主置面首左右三十人。

刘楚玉现在拥有了三十个精神小伙，再加上她的驸马何戢，那就是三十一个。那么现在问题来了：她满足没有？

不，她不满足！

从数量上来说，她的男人已经够多的了，但是从质量上来看，她觉得不够，远远不够。她不仅需要男人，更需要男神。

放眼天下之大，谁可担当"男神"二字？

毫无疑问，褚渊是绝对有资格的。整个宋国，舍此无他。

所以，刘楚玉对褚渊心动了。她想占有褚渊，占有这个拥有"男神"之名的男人。

常言道：妹妹你大胆地往前走，该出手时就出手。

刘楚玉对褚渊动心之后，她没有丝毫犹豫，马上就去找刘子业，说："弟啊，我又来问你要男人了。"

刘子业问："那人是谁？"

刘楚玉说："褚渊！"

褚渊永远也想不到，原来长得帅也会给他带来麻烦。

那一天，他忽然接到皇帝的命令，让他火速前往皇宫，有要事相商。他不明就里，不敢怠慢，赶紧坐着车进了皇宫，然后见到了皇帝。

见到皇帝之后，褚渊问："陛下，此次召臣前来，不知有何要事？"

皇帝说："我叫你前来，自然是有大大的要事——我要你伺候我的姐姐。"

"什么？伺候你姐姐？"褚渊一惊，心想这是什么情况，这么狗血的剧情，为何要在他身上发生？

皇帝点头，说："正是。姐，你出来吧。"

皇帝话音未落，他的姐姐山阴公主早已迫不及待，从屏风之中闪现出来了。山阴公主看着褚渊，眉目之间，秋波无限，当真是粉面含春。

褚渊看见山阴公主的这种眼神，活像是要把他生吃了一样，顿时打了个冷战，心中暗道一声"不好"。

"褚哥哥。"山阴公主一声媚笑，便朝着褚渊走了过去，浑身上下柔若无骨，娇弱无力，整个身子都倚靠在了褚渊的身上。

褚渊连连闪避，他一边躲闪，一边对皇帝说："陛下，公主如此行径，你也不管一管？"

皇帝坐在龙椅上，饶有兴致地看着戏，说："褚爱卿，你这么说就不对了嘛。我看哪，不如你就从了她吧！"

疯了，全都疯了！什么皇帝、公主，这对姐弟简直就是疯子！

褚渊心中暗骂，但碍于自己臣子的身份，又不能拿人家怎么样，只能左躲右闪，左支右绌。

山阴公主追了一阵，实在是抓不住褚渊，便只能停了下来，说："褚渊，你到底是从还是不从？"

"不从，不从！"褚渊断然拒绝。

皇帝看见褚渊这个样子，觉得有些犹豫，说："姐，你打算怎么办？"

山阴公主说："把他抓起来，押到我家里去！"

皇帝抚掌而笑，"来人哪，把褚渊给我押下去！"

就在此时，褚渊冷冷地说："不用了，我自己会走。"

就这样，褚渊被迫去了山阴公主的家，在那里住了十天。

作为一个公主，作为皇帝的姐姐，山阴公主要想弄死一个人，其实是一件非常容易的事情。

用美色来引诱你，你不肯？

好，掏出金银珠宝来引诱你，你肯不肯？

还不肯？

掏出鞭子抽你，你肯不肯？

什么，你还不肯？

行，你有种，但是我要告诉你，我分分钟可以弄死你，我就问你一句，你到底肯还是不肯？

要杀要剐随你便，但我还是那句话，不肯！就算死也不肯！

不得不说，褚渊能够如此坚持原则，实在是很不容易的。

面对美色的诱惑，有一半的男人会倒下；面对金钱的诱惑，剩下的那一半基本上也会倒下；面对死亡的威胁，几乎所有人（不论男女）都会倒下。

但是褚渊站起来了。他堂堂正正地站在那里，正义凛然，刚毅不屈，既不因为利诱而堕落，也不因为威胁而屈服。自始至终，他都坚持了自己的原则和操守，不肯退让半步。

对于褚渊而言，生命诚可贵，节操价更高。孔曰成仁，孟曰取义，总有一些底线，值得人们用生命去捍卫。

话说这褚渊为保节操，誓死不从，山阴公主纵然春心荡漾，却也实在是拿他没办法。

山阴公主用尽了各种手段，到最后，她终于也只能是认输服气了，纵然对褚渊这位美貌大叔恋恋不舍，也只能放了他，让他回家去了。

值得一提的是，在这十天时间里，褚渊还顺带认识了山阴公主的老公何戢。何戢那时候只是个十多岁的年轻人，对于早已名声在外的褚渊十分敬仰，再加上他平时饱受山阴公主欺压蹂躏，对于褚渊自然有同病相怜的感觉。

所以，褚渊和何戢相识之后，很快就结下了深厚的友谊，何戢将褚渊视为偶像，处处向他学习，后来果然闯出了一番名堂，在江湖上混出了一个"小褚公"的名号，虽不及褚渊这般大受欢迎，倒也算是意外之喜。

通过上述故事，我们已经大概了解到褚渊是个什么样的人，不过，在接着往下讲他的故事之前，我得先给大家插播一下废帝刘子业和山阴公主刘楚玉的结局。

刘子业和刘楚玉，这对姐弟荒淫无道，自然引起了很多人的愤恨，结果后来就被别人干掉了。史书里并没有记载刘楚玉死亡的确切年龄，但是她死的那一年，她的老公何戢只有二十岁，由此推断，她当时的年龄应该也只有十八九岁的样子。

接下来，我们来看一看褚渊的官场生涯。

古时候有一个官职，是专门为驸马爷设立的，叫作"驸马都尉"。因为褚渊娶了公主，所以他的官场生涯就是从驸马都尉开始的。

做了驸马都尉之后，褚渊历任著作佐郎、太子舍人、太宰参军、太子洗马、秘书丞，职位有很多，不过都不算什么大官。

在褚渊担任秘书丞一职的时候，他的父亲褚湛之死了。褚渊和弟弟褚澄分割遗产，他把钱财都让给了弟弟，而自己只要了家里面的数千卷藏书。由此可见，这是一位爱书不爱财的读书人。

父亲死后，褚渊继续宦海沉浮，在朝廷里历任了许多官职，由于名目繁多，所以在这里并不赘述。

在这里，我想说一下褚渊和宋明帝刘彧的关系。

想当初，刘彧还不是皇帝的时候，他和褚渊是一对铁哥们儿。

后来，因为废帝刘子业倒行逆施，搞得天怒人怨，所以刘彧一怒之下，就带上一队人马，砍翻了刘子业，自己做了皇帝，顺便把山阴公主刘楚玉也一并赐死了。

刘彧做了皇帝之后，对褚渊非常信任，对他委以重任。在这个时期，褚渊又历任了许多官职，不过他在任期间并没有取得什么值得称道的政绩，所以我也就对此按下不表，不必细说。

且说这刘彧做皇帝并没能做多久，就身染重病，死到临头。临死之前，刘彧把褚渊叫到床边，托付后事，说："老褚啊，我也没有多少天好活了，走之前有些事情不放心，想跟你交代一下。"

褚渊说："陛下，有什么话你就说吧，我听着。"

刘彧说："我担心有人在我死后闹事，争皇位、夺龙椅，所以想先下手为强，把他干掉。"

褚渊问："那人是谁？"

刘彧说："建安王，刘休仁。"

褚渊听了，稍有犹豫，说："建安王平时好像也没有什么谋反的迹象，这样说杀就杀，似乎不太好吧？"

刘彧斩钉截铁地说："我意已决，你不必多言。"

"那好吧，臣谨遵圣旨。"

片刻之后，刘彧又对褚渊说："我这辈子，能信得过的人不多，你是其中一个。所以，我想让你做吏部尚书，兼常侍、卫尉，给你权柄在手，等我死后，就得靠你主持大局了。"

褚渊诚惶诚恐，说道："陛下如此重用，微臣愧不敢当，恳请陛下收回成命。"

刘彧思忖片刻："那我改封你为右仆射、卫尉，你意下如何？"

褚渊说："我母亲年事已高，身体也不太好，需要我时时照顾，只怕抽不出太多时间处理政事，可否让我辞去卫尉一职？"

刘彧摇头，说："我已经够让步，你也别再推辞了，就这样吧。"

褚渊无奈，便也只能领了圣旨，退下了。

不久之后，宋明帝刘彧驾崩，但在他临死之前，却又摆了褚渊一道，将先前的约定全部作废，而是留下了一道遗诏，任命褚渊为中书令、护军将军，加散骑常侍，与尚书令袁粲一起，成为顾命大臣，共同辅佐幼主。

褚渊本不欲如此，但既然皇帝有遗诏，责任在身，不能推卸，他便也只能把事情揽在身上，安心干活了。

474年，桂阳王刘休范举兵造反，褚渊和另一位辅政大臣袁粲亲自坐镇，研究平叛的问题。

在研究的过程中，褚渊想起了一个人，这个人名叫萧道成。

当年，褚渊和萧道成初次见面，便已留下了深刻的印象，后来有一回，两人又在别处偶遇，一番交流之后，使得褚渊对萧道成的印象更深，再一次发出了由衷感叹："此人才貌非常，将来不可测也。"（《南齐书·褚渊传》）

正因为褚渊对萧道成的印象极深，所以，当桂阳王刘休范造反的时候，他第一时间就想到了萧道成。在他心目中，他认为萧道成一定能拿得出办法，来维护世界和平，解决掉刘休范这个大反派。

事实证明，褚渊的眼光是非常准确的，他完全没有看错人。

萧道成接到任命之后，果然圆满完成了任务，扫平了刘休范的叛军，把他的脑袋砍了下来。

萧道成立下如此大功，让褚渊越发坚信自己没有看错人。褚渊看人的眼光很准，他非常清楚，萧道成的能力绝对在他之上，不是久居人下之辈。

所以褚渊就和袁粲一起，以辅政大臣的名义，提拔重用萧道成，让他升大官，发大财。

萧道成升官以后，感觉自己实在功劳太大，连辅政大臣的风头都被他抢去了，这实在是令他于心不安。于是，他就把自己的功劳分出来一点儿，说自己这次打胜仗，也有其他人的功劳，其中，辅政大臣有特别特别大的功劳，不能让自己一个人独占了。

萧道成投桃报李，确实是很会做人，事实再一次证明，褚渊的选择是正确的。

在褚渊的刻意结纳之下，在萧道成的有意配合之下，他们之间组成了一个小团体。这个小团体除了他们两人之外，还有另外两个人，分别是辅政大臣袁粲，以及另一位大臣——刘秉。

这个四人小团体，在当时的朝廷里号称"四贵"，是整个宋国的权力最高层。由于皇帝刘昱年纪还小，个人能力不足，所以，这四人才是刘宋王朝实际意义上的统治者，其中，又以萧道成为首。

萧道成趁着新立大功，威名正盛，又有人与他配合，自然就开始对皇位打起了主意。

说干就干。没过多久，皇帝刘昱就被毁灭了，安静地消失，无声又无息，仿佛从来没有在人世间出现过。

南朝时期，整个宋国总共有两个皇帝被人毁灭，第一个是山阴公主刘楚玉的弟弟，刘子业，第二个就是这位刘昱。

由于这两位仁兄的经历十分相似，所以，后人就将刘子业称为"前废帝"，而刘昱则被称为"后废帝"。

只不过，他们虽然都是"废帝"，却有本质上的不同，刘子业是被自家亲戚给废的，大好江山还是留在刘家人的手上；而刘昱是被萧道成给废的，这江山社稷，从此以后就得改姓了。

后来，萧道成终于得偿所愿，变成了皇帝，被后世称为"南齐太祖高皇帝"。

萧道成当了皇帝之后，有一天喝酒庆祝，趁着几分醉意，环视群臣，笑道："你们这帮子人啊，本来都是宋国的公卿，现在好了，全都变成我齐国的官员啦。没想到，真是没想到，天子之位，竟然也轮到我来坐啦！"

萧道成此话一出，其他人未曾答话，褚渊却大笑起来，说："陛下此言差矣，此言差矣！你之前没想到的事情，我可是老早就预见到了，要不然，怎么会这么死心塌地跟你混？"

"说得是也，说得是也！"趁着今天心里高兴，萧道成和褚渊碰了一杯，"说起来，还是你最有眼光啊！来，干杯！"

一时之间，觥筹交错，宾主尽欢，此乐无极。

话说这褚渊换了新的带头大哥之后，虽说备受萧道成赏识，但是严格说来，他的身份地位比起以前，倒也没多大变化。

想当初，宋明帝刘彧尚未登基，就已经和褚渊关系很好，后来他当了皇帝，对褚渊越发信任。史书里说他对褚渊"深相委寄，事皆见从"，凡事都会征求褚渊的意见，后来他临死之前，还让褚渊做了辅政大臣，可谓是倍加重用。

到现在，褚渊作为萧道成最大的功臣以及支持者，自然免不了要获得高官厚禄。除此之外，朝廷里的那些机要大事，萧道成也会时常与他商量，并参考他的意见进行决策，可以说是礼遇甚重。

两者对比，有什么区别吗？

基本没区别。如果非要说有什么区别，那也只是换了个带头大哥而已。

当然，很多事情都有两面性，褚渊的这种换带头大哥的行为，说得好听点儿，叫作识时务者为俊杰，说得难听点儿，叫作不忠不义。

毕竟，当初宋明帝刘彧是因为信任他，所以才任命他做辅政大臣，本来指望着他能够中流砥柱，辅佐幼主，结果他辅佐来辅佐去，竟然辅佐到别人身上去了，你说，这算什么事儿？

无论是以一个臣子的身份，还是朋友的身份，说实话，褚渊都对不起刘彧。

正因为如此，所以，在当时，有些人就对褚渊的行为表示不齿，他们甚至用褚渊的外貌来对他进行攻击。

作为一个帅哥，褚渊的外貌自然是很好的，但是，他有一个缺点，那就是他的眼睛瞳仁较小，而眼白较多。所以，就有人说他的眼睛是"白虹贯日"，并针对此来大做文章，说这就是他灭亡宋国的征兆。

毫无疑问，宋国的灭亡，褚渊确实起到了推波助澜的作用，说他不忠，倒也不假。

482年，萧道成驾崩，享年五十五岁。萧道成的长子萧赜即位，是为齐武帝。

萧道成死后不久，褚渊也病了，而且病得还不轻。

说起来，褚渊今年也有四十八岁了，迈入中老年行列，生病倒也不稀奇。而且古时候医疗条件有限，一场疾病突如其来，就要了人命，也是常有的事。

褚渊生病之后，身体始终不见好转，只怕自己熬不过这场病，就萌生了退隐的念头。于是他就向新皇帝萧赜提出了离职申请，只可惜他作为朝廷重臣，不能说退休就退休，所以萧赜就没有同意他的请求，反而下了一道圣旨，任命他为司空、领骠骑将军，兼侍中、录尚书事。

要是褚渊身体棒棒，多兼几个职倒也无所谓，可他现在身体不好，这一堆头衔压下来，压得他头都大了，哪里还能扛得住？

身上的负担重了，褚渊觉得自己的病也跟着更重了。不久之后，他就开始走不动了，每天躺在床上，奄奄一息。

萧赜与褚渊相识多年，彼此关系很好，前文说过，当初他还是东宫太子的时候，曾给褚渊送过一个"金镂柄银柱琵琶"，可见情谊之深。如今萧赜听闻褚渊病重，赶紧派人去探视病情，只不过，虽然是皇帝的关怀，却还是于事无补，最后，褚渊还是死了。

说起来，褚渊做官这么多年，要想大捞特捞，身家自然不会少。然而，他却不是爱财之人，想当初，他父亲死了，留下一笔遗产，他"推财与弟，唯取书数千卷"，不要钱，只要书。而如今他死了，干脆连遗产也没有留下，"家无余财，负债至数十万"（《南齐书·褚渊传》），估计他是贷款买书了吧。

做大官而不发大财，这种人从古到今都是极少的。回顾褚渊这一生，他抵住了女色的诱惑、金钱的诱惑，道德操守可谓极高。

当然，褚渊并不是传统意义上的忠臣，他作为前朝的托孤重臣没有为先皇守节，而是投向了萧道成的怀抱，只此一点，便可成为道德家的攻击对象。

　　逝者已逝，这功过是非，便留给后人说去吧……

董贤：魅力绝顶无可挡，皇帝情愿让江山

在前面的故事里，我们认识了很多古代帅哥，现在来认识本书的最后一位帅哥——董贤。

董贤，字圣卿，汉朝人，生于公元前23年。关于董贤的颜值，史书里用了六个字来形容：为人美丽自喜。

什么叫作"为人美丽自喜"？

意思是说董贤这个人的样貌是十分美丽的，他知道自己美丽，所以深深为自己而着迷，非常喜欢自己。简单来说，就是自恋。

一个人喜欢自己的长相，有问题吗？没有问题。长得帅而自恋，总好过长得丑而自恋，每天都被自己帅醒，倒也不失为美事一桩。

董贤知道自己帅，那么别人知不知道他长得帅呢？也知道。

具体是谁知道？皇帝知道。这个皇帝名叫刘欣，乃是西汉哀帝。

董贤自从工作以来，一直在刘欣手底下上班，只可惜刘欣手下众多，并不是每个手下都有机会和刘欣见面，所以刘欣对董贤没什么印象，或许听说过有这么一个人，但除了知道名字之外，其他情况就一概不知了。

两人之间真正相遇，要从一次报时开始。

犹记得那一天，春暖花开，草长莺飞。青

春洋溢的董贤，站在殿门下报时："又到了每天开饭的时间，兄弟们，吃起来！"

那时恰逢刘欣就在附近，董贤的报时惊动了刘欣，他仿佛听见了人世间最美妙的声音，刹那间好像所有的悲苦都没有了，所有的幸福都出现了，他又开始对人生充满信心了，又开始相信爱情了。

刘欣循着声音，来到殿下，一眼望去，就看见了董贤那张精致绝伦美妙无比的脸。这一刻，年方二十的董贤，身材样貌都处于人生之中的最巅峰，简直就是一朵如花儿般娇艳的男子，全身上下仿佛流光溢彩，让刘欣目眩神迷，沉醉不已。

"这位帅哥，敢问你的芳名？"刘欣忍不住开口搭讪道。

董贤答道："我姓董名贤字圣卿。"

刘欣两眼放光："你长得好帅啊！"

董贤酷酷地一甩头发："谢谢夸奖，我也是这么认为的。"

刘欣朝董贤勾勾手指头，说，"快到我这边来！"

然后董贤就跟刘欣一起走了……

俗语有云：爱屋及乌。刘欣跟董贤相处的时间越久，他对董贤的宠信就越深，董贤的家人自然也就会得到不少好处。

有一天，刘欣和董贤在闲聊之中，谈到了关于董贤他爸董恭的事情，刘欣万分感慨地说道："多亏了有这么一位好爹啊！如果不是他，叫我上哪儿去找一个像你这么漂亮的娃？我真该好好谢谢他！"

于是刘欣就决定将董恭提拔重用，让他做了霸陵令兼光禄大夫。

对于董贤的父亲，刘欣尚且如此，更何况是对董贤本人？他先是被拜为黄门郎，而后又升迁为驸马都尉侍中，还得到了一辆配给他的专车，外加好多好多的钱，时时刻刻伴随在皇帝左右，荣华富贵享之不尽，一时之间名震朝廷。

刘欣与董贤出则同行，入则同寝。且说有这么一回，刘欣早上醒来的时候，他刚想起床洗脸刷牙，却发现自己的一截袖子被董贤压住了。

刘欣轻轻推了推董贤的身子，在他耳旁柔声呼唤道："你醒了吗？"

董贤犹在睡梦之中，对于刘欣的呼唤，他完全没有任何反应。刘欣看着董贤熟睡的样子，那面容真是无比柔美，令人心头涌起无限爱怜，哪里舍得惊扰了董贤的美梦，将他从沉眠之中唤醒？

于是，刘欣就轻轻地，轻轻地，把自己被压着的那一截袖子给割断了，然后再轻轻地，轻轻地，离开了温暖的床，整个过程寂静无声，完全没有对董贤的睡眠造成任何影响。

董贤深知自己扮演着什么角色，他每天把自己打扮得十分美丽，在刘欣面前表现得无比娇媚，明媚，谄媚，柔情款款，曲意逢迎，让刘欣对他越发迷恋，不能自拔。

不过两人毕竟各有各的家庭，所以有时候刘欣也会放董贤几天假，让他离开皇宫回到家里解决一些家庭事务。

对于刘欣的好意，董贤并不领受，他坚决表示不走，要时刻留在刘欣身边。

看到董贤的态度如此坚决，刘欣对他的宠溺又多了几分，于是就格外开恩，让董贤的老婆也搬进皇宫，夫妻俩过上了团团圆圆的生活。

除了董贤的老婆之外，刘欣把他的妹妹也召进了宫里，并封她为昭仪，其地位仅在皇后之下。

董贤这一家三口都把自己的全身心贡献给了刘欣，作为回报，刘欣把自己的钱贡献给了这一家人。他赏给了董贤他妹和他老婆数以千万计的金钱，顺便再提拔董贤他爸董恭为少府，赐爵关内侯，并任命董贤的岳父为将作大匠，董贤他老弟为执金吾。

普通人奋斗几辈子也无法获得的金钱与荣耀，就这样突如其来地降临到了董贤这一家人身上，而这一切的原因，只不过是刘欣在不经意间看了董贤一眼，从此就决定了这一生的难舍难分的缘。

不仅如此，刘欣甚至还提前为董贤修了个豪华至极的坟墓，就建在皇家陵墓旁边。

由于刘欣的宠信，董贤位极人臣，得以担任大司马，在朝中的地位只在刘欣之下。除了董贤本人之外，他的亲属也受到了刘欣极大的照顾，一时之间，董氏族人纷纷进军朝廷，一个个都担任重要职务，其声势之大，一时无两。

有一回，匈奴的老大单于出访汉朝，刘欣设宴款待，并让大司马董贤在一旁作陪，他那张青春年少的面孔，让单于感到十分惊讶，于是就向汉朝方面的相关人士发问道："能拥有这么高官职的人，通常情况下不都是些中老年人吗？这少年郎如此年轻，为何能做你们的大司马？"

翻译将单于的问题转达给了皇帝刘欣，刘欣思索片刻，对翻译说道："你就跟单于说我们的大司马年纪虽小，本事却不小，是个嘴上无毛办事很牢的有为青年，我是因为他很有才干，所以才将他破格提拔录用的。"

翻译将刘欣说的话转述给单于听了之后，单于马上从座位上站了起来，对着刘欣拜了一拜，说："恭喜你们汉朝得了这么一个贤臣啊！"

"同喜，同喜！"

这一天，双方觥筹交错，宾主尽欢。

说完了匈奴单于来访的故事，下面再让我们把目光转回国内，看看有何事件发生。

汉朝的前任丞相，叫作王嘉，他因为屡次劝谏刘欣远离董贤，结果惹得刘欣龙颜大怒，就把他给整死了。王嘉死了以后，很快就有一位新的丞相被提拔了上来，他的名字叫作孔光。

孔光原先是朝廷里的御史大夫，那时候，董贤他老爸董恭的官职是御史，在孔光手下工作。后来，孔光做了丞相，而董贤做了大司马，这两人都位列三公，官职级别相等。

虽然两人在表面上的级别相等了，但很显然他们在刘欣心目中的地位有很大差别，一个天上一个地下，完全不可同日而语。刘欣心想董贤他爹以前在你手下做事，什么事都得照你说的办，面子上可能有点儿挂不住，如今我把董贤给提拔上来了，跟你平级了，得把以前丢的面子都给挣回来才行。

于是，刘欣就让董贤上门去拜访一下孔光，嘱咐他一定要把面子上的事情弄得风光点儿，千万可不能丢分了。

刘欣说的话，董贤自然是要听的，于是他就挑了个日子，前去拜访孔光。孔光在官场上摸爬滚打这么多年，做人做事自然都很有一套，他一听说董贤要来了，马上就整理衣冠，在自己的家门口摆了一个鲜花仪仗队，铺好红地毯迎接董贤的到来。

孔光站在家门口等了一阵子，终于瞧见董贤坐在宝马香车里面，在人们的簇拥之下往他这边过来了。等到董贤的车马在他门口停住，下了车之后，他就对着董贤拜了一拜，说："大司马大驾光临，老朽有失远迎，还请大司马多多海涵啊！"

董贤还礼，说："丞相何必客气，我今天来其实没有什么特别的事，就是想来找你喝茶聊天吹牛的，哪能用得着你这么费心，摆出这么大的阵仗来迎接我啊。"

孔光满脸的恭谨之色，说："大司马此言差矣。谁都知道你为国为民，操碎了心，如今能在百忙之中抽空前来，实在令蓬荜生辉，让我万分感动啊！酒席我已叫人在家中摆好了，别的什么客套话，我现在也不多说了，就一个字，请！"

"既然如此，那我就却之不恭了。"董贤说罢，便昂首阔步地走进了孔光的家。

董贤在孔光家里待了小半天，终于酒足饭饱，满意而归。自始至终，孔光对董贤的态度都十分好，甚至接近于谄媚，不敢有丝毫怠慢。董贤回去之后，把整件事情的经过从头到尾给刘欣这么一说，刘欣顿时非常高兴，心想孔光这老头子果然懂事！既然你给我面子，那我自然也要给你面子！

于是刘欣马上就下了一道圣旨，任命孔光的哥哥的两个儿子为谏大夫常侍。

仅仅是摆一桌酒席，迎接一个人，再加上几句拍马屁的话，就让自己的两个亲戚当了官，这种好事谁见了不羡慕？经过这件事情之后，大伙儿看董贤的目光瞬间就变了，虽然他并不是皇帝，但人们感觉他的权势已经跟皇帝没什么分别了。

且说这朝中有一人，名叫王闳，担任中常侍一职。

董贤他爹董恭瞧见王闳一表人才，心中十分赞赏，就想跟他结亲。结亲当然需要通过婚姻关系来达成，那么谁跟谁结婚比较好呢？

经过考虑之后，董恭希望自己的小儿子董宽信能够跟王闳的小姨子结婚，通过这种关系来使董家和王家合为一体。

王闳的小姨子姓萧，说起来，这个萧家也算是个官宦世家，比如，她爷爷萧望之，曾经担任前将军一职，她爹萧咸的官职虽然比不上她爷爷，但现在也是朝廷里的中郎将。

如果这门亲事确实能办成，董家不仅联合了王家，同时也联合了萧家，确实是两全其美的一件事。但问题是，事情真有这么容易就办得成吗？

答案是否定的。

萧咸听说了董恭想要跟他结亲的消息之后，马上就在私底下找了个时间，对王闳说："乖女婿啊，咱们萧家和王家，可千万不能跟他们董家扯上关系啊！"

王闳心中不解，问："岳父大人，这是为何？"

萧咸说："皇帝任命董贤为大司马的时候，在任命书上清清楚楚地写着'允执其中'四个字，你知道这四个字有什么典故吗？"

王闳摇头："不知道。"

萧咸说："想当年，在三皇五帝时代，尧帝将皇位禅让给舜帝的时候，禅让书里面就写着这四个字！董贤只不过是一个朝廷命官，又不是皇位的接班人，怎么能用这种字来形容他呢？唉，皇帝和董贤这两个人现在都年纪轻轻，不懂什么规矩，可是我们这些老一辈的人看到他们这样，心里面可真是担忧得很啊！"

王闳听了，心里也开始意识到了问题的严重性，他看着萧咸："岳父大人，那我们现在该怎么办？"

萧咸说："我感觉董贤迟早有一天会惹祸上身，所以咱们可千万不能跟他们董家结亲，免得他们以后出事了，咱们也要受到连累！你去委婉一点儿跟董恭说，让他打消了这门心思吧！"

王闳也是个聪明人，这其中利害，他自然想得明白，于是他就去找到董恭，用极其委婉的语气，拒绝了这门亲事。

董恭本想跟王萧两家结亲，却不料竟遭到婉拒，这让他心里面感到很不舒服，不由得叹了一口气，说："我董家的人又没有杀人放火无恶不作，跟我们结亲有什么好害怕的？罢了，罢了，既然你们心里面害怕，那这门亲事不提也罢！"

结果，这门亲事就这样吹了，而董恭心里也多了个疙瘩。

后来有一天，刘欣在麒麟殿里摆了几桌酒席，邀请董家人来跟他一起吃肉喝酒，而王闳也在一旁陪同。刘欣喝着喝着，渐渐地就有些醉了，他看着董贤绝美的脸庞，脸上出现了几许红晕，笑着说："上古之时，尧帝曾经禅让皇位给舜帝，此事传为佳话，一直被后人所津津乐道。如今我想要效仿先贤，让位给你，你说怎么样？"

董贤听了刘欣的这番话，心中十分高兴，他正要答话，却被王闳抢先一步，毫不客气地说："汉室江山是汉高祖皇帝打下的江山，陛下您只有使用权，而没有所有权。陛下您从祖宗手中把江山社稷继承过来，应该好好保管，留给子孙后代，千秋万世传承不绝，而不是随随便便就交到一个外人手上。天子无戏言，陛下请自重！"

王闳这一番话，让刘欣听了十分不爽，他一双眼睛瞪着王闳，脸色顿时就阴沉了下来。旁边的人看见刘欣这副表情，一个个都怕得要命，不敢插嘴说什么话。这紧张的气氛持续了一会儿，刘欣终于开口骂道："不要让我再看见你！"

就这样，王闳滚了。从此以后，他遭到了疏远和冷落，不管是宫里摆什么酒席，他都没有上场的机会了。

幸运的是，王闳的倒霉日子并没有持续很久，因为刘欣很快就死了。

刘欣死于公元前1年，这一年，他只有二十六岁。因为他年纪轻轻就死了，这难免让人觉得有些悲哀，所以后人给他的谥号是汉哀帝，以此来表达深切思念和沉痛哀悼。

很显然，对刘欣的死感到最悲哀的人，毫无疑问就是我们的帅哥董贤了。功名利禄转头空，瞬间从世界最顶端跌到最谷底，如此巨大的反差，实在不能不让董贤感到深深的失落。

事实上，早在刘欣死前的几个月，董贤就已经体会过失落的感觉了。那时候他的一栋豪宅刚刚落成，所有的装修材料都是当时最好的，他以为这栋房子盖好之后，就算不能千秋万世屹立不倒，至少也能算是个百年大计，没想到这才过了没几天，房子的大门就无缘无故坏掉了，这种不祥之兆让董贤非常不安，总觉得会有什么坏事发生。

现如今，坏事确确实实已经发生了，对于董贤来说，失去了刘欣就等于失去了一切。他年纪轻轻，当时只有二十三岁，却已经坐上了大司马的位子，虽然在职期间没有什么功劳，但也没做过什么坏事，只可惜匹夫无罪，怀璧其罪，他现在所拥有的高官厚禄，注定是保不住了。

刘欣死后，最首要的事情当然是为他办丧事，于是，太皇太后王政君就将董贤召入宫中，问他丧事该怎么办。董贤只不过是个二十出头的毛头小伙子，又没在殡仪馆火葬场之类的地方上过班，他哪里知道该怎么办丧事？于是他只能唯唯诺诺，摘下自己的官帽向王政君谢罪："实在对不起，我也不知道该怎么办。"

王政君慢悠悠地说道："既然你不知该怎么办，那我找个人帮你办吧。我的侄儿王莽，以前当过大司马，先帝当年驾崩的时候，丧事就是他来主持办理的，他拥有丰富的出殡经验，依我看，这次还是要轮到他出马才行啊。"

董贤不敢违抗，只能给王政君下跪磕头："一切全凭太皇太后做主。"

于是，王政君马上派出使者，让王莽即刻入宫，不得有误。

王莽入宫之后，所做的第一件事，就是限制董贤的人身自由，让他不得在宫中随意走动。董贤完全没有政治斗争的经验，面对这种情况，不知如何是好，最后只能摘了官帽，脱掉鞋子，衣冠不整地跑去认罪。然而，他没有见到太皇太后，却见到了这样一封诏书：高安侯董贤，既不懂事也不贤明，当大司马非常不称职，实在有负众望，因此，收回大司马印绶，将其贬为庶人，钦此。

董贤惊恐万分，当天夜里，就在家中和妻子一起自杀了。家里也没办什么丧事，夫妻俩死后不久，就被草草安葬了。

自杀了？有这么快吗？到底是真死，还是诈死？王莽觉得很怀疑。于是，他就叫人去开棺验尸，确定董贤已死之后，又顺便抄了董贤的家，将董贤全家流放到了合浦。

当年权倾一时的董贤，如今却落得这等下场，死了也不能入土为安，未免太过凄惨了一些。

有个人名叫朱诩，以前曾受过董贤的恩惠，他实在于心不忍，就买了副棺材，帮董贤收尸，把他重新葬了。

朱诩葬了董贤以后，却给自己惹上了大麻烦。按照王莽的本意，是想董贤死无葬身之地，可朱诩把董贤给葬了，这叫王莽怎么能忍？

结果，朱诩就被王莽给杀了。

人世间，多少富贵荣华，到头来，只不过是竹篮打水一场空！可悲，可叹！